GÉOGRAPHIE

DE

L'AFRIQUE CHRÉTIENNE

GÉOGRAPHIE

DE

L'AFRIQUE

CHRÉTIENNE

Par Monseigneur TOULOTTE

Évêque titulaire de Tagaste, Vicaire Apostolique du Sahara.

MAURÉTANIES

MONTREUIL-SUR-MER

IMPRIMERIE NOTRE-DAME DES PRÉS

1894

A

SA GRANDEUR

MONSEIGNEUR PROSPER-AUGUSTE DUSSERRE

ARCHEVÊQUE D'ALGER

HOMMAGE RESPECTUEUX

GÉOGRAPHIE

DE

L'AFRIQUE CHRÉTIENNE

MAVRÉTANIES

La Maurétanie fut la dernière partie de l'Afrique du Nord à subir le joug des Romains vainqueurs. En l'an 40 de notre ère, Caligula en fit une province romaine. Jusque-là, les rois de Maurétanie furent les vassaux de l'Empire. L'occupation romaine fut pour la Maurétanie le point de départ d'une ère dite Maurétanienne qui fut usitée jusqu'à l'époque de l'invasion arabe. Il y eut tout d'abord deux provinces Maurétaniennes, celles de Césarée et de Tingis. Leurs limites étaient à peu près celles qui séparent actuellement l'Algérie du Maroc. Du côté de la Numidie, la limite partait de l'embouchure de l'Ampsaga, touchait au

Hodna et allait aboutir dans la région de Elgara et Mesad, villes qui restèrent à la Numidie.

Cette division fut maintenue jusqu'au temps de l'expédition entreprise par l'empereur Maximien contre les Quinquegentiens, tribus kabyles, qui furent soumises en 290. La séparation de la Sitifienne d'avec la Césarienne n'existait certainement pas en 288, car une dédicace de cette année, trouvée à Sitifis, porte que Flavius Pecuarius était Præses de la Maurétanie Césarienne à cette date.

Nous savons que, dès le début, les gouverneurs des deux Maurétanies furent des procurateurs. Le texte signalé ci-dessus, montre que, avant la séparation de la Sitifienne, le gouverneur de la Césarienne avait déjà un titre plus élevé.

Du reste, ce sont les listes épiscopales qui déterminent le mieux l'étendue des provinces et, sous ce rapport, la notice de 482 est infiniment précieuse.

A partir de Dioclétien, la Tingitane est rattachée au diocèse d'Espagne. Elle ne semble pas, d'ailleurs, au point de vue ecclésiastique, avoir jamais eu de rapports ni avec Carthage, ni avec Césarée. Nous devons dire, en toute sincérité, que nous ne connaissons aucun évêque de Tingitane qui appartienne à l'époque romaine.

A partir de la réorganisation Dioclétienne, les trois Maurétanies eurent chacune son Præses, qui avait le titre de *vir perfectissimus*. De même que les Procurateurs avaient eu souvent, sinon toujours, les pouvoirs civil et militaire, de même les Præsides de la Césarienne eurent souvent le titre de Comes ou de Dux et réunirent entre leurs mains les deux pouvoirs. Nous en voyons aussi qui administrent en même temps deux provinces Maurétaniennes.

Il est vrai, nous trouvons, depuis Gordien jusqu'à Gallus, des légats propréteurs des deux Maurétanies, qui commandent les troupes, et au quatrième siècle, c'est le *comes Africœ* et le *dux Mauretaniœ* qui se partagent le pouvoir militaire. Nous avons signalé cet état de choses dans le volume consacré à la Byzacène. Les gouverneurs de Maurétanie eurent plus tard le titre de clarissimes et de spectables. Quand Justinien eut reconquis l'Afrique, la Sitifienne et la Césarienne redevinrent présidiales, mais la Tingitane fut rattachée forcément à la Césarienne. Le duc de Maurétanie eut le commandement militaire et le Præses conserva l'administration civile.

La Maurétanie sitifienne paraît avoir été, à cette époque, appelée première Maurétanie, ou Maurétanie de Zabi, tandis que la Césarienne aurait été nommée la seconde Maurétanie. Celle-ci, du reste, est appelée par Victor de Vite [1] la *Maurétanie majeure* ou la Grande.

Nous voyons le patrice Salomon gouverner toute l'Afrique avec le titre de Préfet du Prétoire d'Afrique ou de Lybie et de Maître de la milice. Plus tard encore, il y eut des exarques qui eurent le pouvoir suprême en Afrique au nom des Empereurs.

Il convient d'observer que la Maurétanie n'eut jamais de troupes légionnaires. Elle fut toujours défendue par des corps auxiliaires. Il faut en excepter la période qui s'étend de 238 à 253, quand la troisième légion fut licenciée pour avoir proclamé Gordien empereur. Il semble que, pendant cette période, la vingt-deuxième légion eut ses quartiers en Maurétanie. Les monuments épigraphiques confirment ces diverses données. Ainsi des bornes mil-

---

[1] Pers. vand. 4. 6.

liaires, près d'Altava dans la Césarienne et d'Aras dans la Sitifienne, mentionnent T. Aelius Decerianus, Procurateur de l'empereur Marc Aurèle Antonin [1].

Le gouverneur P. Aelius Peregrinus a le titre de Præses et de vir perfectissimus, comme le montre une inscription de Césarée [2] :

> P. AELIO. PEREGRI
> NO. PRAESIDI
> PROV. MAVRET
> CAES. PERFEC
> TISSIMO. VIRO
> A COGNITIONIB
> AVGgG. TIB. CL
> LICINIVS. EX
> pRAEF. COH. I
> FL. HISP.

Ailleurs, il a simplement le titre de Procurateur. Après lui, vers l'an 227, nous trouvons le gouverneur L. Licinius Hierocles, avec le titre de Procurateur et de Præses de la province [3] et jouissant du *jus gladii* [4]. C'est ce que nous lisons encore dans le texte suivant [5] :

> gNEAE. SEIAE. HERENNIAE. SALLVSTIAE
> bARBIAE. ORBIANAE. SANCTISSIMAE. AVGVSTAE
> CONIVGI. AVG. NOSTRI
> EQQ. SINGVLARES. DEVOTI
> nVMINI. MAIESTATIQVE. EIVS. CURANTE
> lICINIO. HIEROCLETE. PROC. AVG
> PRAESIDE. PROVINCIAE

---

[1] Corpus. 10432 et 10461
[2] Corpus. 9360.
[3] Ibid. 9354.
[4] Ibid. 9367.
[5] Ibid. 9355.

On y voit que ce Procurateur commandait les troupes de la Province.

Voici le nom d'un Procurateur de la Tingitane sur un monument de Tingis [1] :

> P. BESIO. P. F. QVIR. BETVINIANO
> C. MARIO. MEMMIO. SABINO
> PRAEF. COH. I. RAETORVM. TRIB. LEG.X. G. P. F.
> PRAEF. ALAE. DARDANORVM. PROCVRATORI
> IMP. CAESARIS. NERVAE. TRAIANI. AVG. GERM. DACICI.
> MONETAE. PROC. PROVINC. BAETICAE. PROC. XX. HERED.
> PROC. PRO
> LEG. PROVINC. MAVRETANIAE. TINGITANAE. DONIS.
> DONATO. AB
> IMP. TRAIANO. AUG. BELLO. DACICO. CORONA. MVRALI
> VALLARI HASTIS. PVR. VEXILLO ARGENT
> EXACTI EXERCITVS

Dès le commencement du quatrième siècle, la Sitifienne a son Præses particulier, comme il paraît dans cette inscription de Sitifis [2] :

> FELICISSIMO
> AC FORTISSIMO
> PRINCIPI DN
> FLAVIO CLAVDIO
> CONSTANTIO
> NOBILISSIMO CAES
> FLAVIVS AVGVSTIA
> NVS. V. P. P. P. MAVR. SI
> TIF. DEVOTVS NVMINI
> MAIESTATIQ. EIVS

Un des successeurs de Flavius Augustianus avait sous son autorité les deux Maurétanies Sitifienne et Césarienne, ainsi que nous le voyons dans une inscription de Saldæ [3].

---

[1] Corpus. 9990
[2] Ibid. 8475.
[3] Corpus. 8932.

FELICISSIMO. AC
BAEATISSIMO PRIN
CIPI D N FLAVIO
IVLIO CONSTANTIO NOBI
LISSIMO. CAESARI
FLAVIVS TERENTIA
NVS V. P. PRAESES PROV
MAVR. CAE. ET. SITIFENSIS
DEVOTVS. NVMINI
MAIESTATIQVE
EIVS

Plus d'une fois les Maurétanies Césarienne et Tingitane furent réunies dans la même main. Une dédicace de Césarée est explicite à cet égard. Elle porte que *Cn. Haius Diadumenianus* fut procurateur *utrarumque Mauretaniarum Tingitanæ et Cæsariensis*[1].

Une autre dédicace trouvée dans la même ville s'exprime comme il suit[2] :

Q. SALLUSTIO. MACrINIANO. PROC. AVGGg
VTRIVSQ. PROV. MAVreTANIAE. PRAESIDI. SVO. ET
Q. SAllusSTIO. MACrINIANO C.V. FILIO EIVS
COMMILITO ni RARISSIMO ET
Q. SALLVSTIO. MACR in IANO. C.P. NEPOTI EIVS
OB INSIGNEM eoRVM. ERGA. SE. HV
MANITATEM ANVLLIVS GETA
EX PRAEF aIAE PARTHORVM

La dédicace de Rusucurru est aussi intéressante et mérite également d'être reproduite[3].

T. FL. SERENO a co
GNITIONIBus Aug.
VTRVBIQVE. P raesi

---

[1] Corpus. 9366.
[2] Ibid. 9371.
[3] Ibid. 9002.

DI. OPTIMO. PA trono
INCOMPARABili
IVLII. SABINVS a mi
LITIIS
PONTIANVS ex de
CVRIONE. A djutor
ET. STRATOR
EIVS

Il a été fait mention des comtes de Maurétanie à l'article de Rusguniæ, Tanaramusa, Tipasa, etc.

Voici la liste des Évêchés de la Maurétanie Césarienne :

ÉGLISES DE LA MAVRÉTANIE CÉSARIENNE.

Césarée.
Adsinnada.
Ala Miliaria.
Albula.
Altava.
Amaura.
Ambia.
Aquæ.
Aquæ de Sira.
Arena.
Arsinnari.
Auzia.
Bacanaria.
Baliana.
Bapara.

Benepota.
Bida.
Bita.
Caltadria.
Capra.
Caput Cella.
Cartennæ.
Castellum.
Castellum Jabar.
Castellum Medianum.
Castellum Minus.
Castellum Ripæ.
Castellum Tatroportus.
Castellum Tingis.
Castra Nova.
Castra de Sévère.
Catabum.
Catra.
Catula.
Cissi.
Columnata.
Corniculana.
Dracones.
Elephantaria.
Fallaba.
Fidoloma.
Flenucleta.
Floriana.
Flumenzer.
Fronta.
Giru Mons.
Gratianopolis.

Gunugus.
Gypsaria.
Icosium.
Ida I.
Ida II.
Iomnium.
Ita.
Junca.
Lar.
Majuca.
Maliana.
Mammilla.
Manaccenser.
Masuccaba.
Maturba.
Maura.
Mauriana.
Maxita.
Media.
Mina.
Murustaga.
Muteci.
Nabala.
Nasbinca.
Nova I.
Nova II.
Novica.
Numidia.
Obori I.
Obori II.
Oppidum Novum.
Oran.

Panatoria.
Pomaria.
Quiza.
Rapidi.
Regias.
Reperi.
Rusadus.
Rusgunia
Rusubbicari.
Rusubisir.
Rusucurru.
Saia.
Satafi.
Sereddeli.
Serta.
Sesta.
Sfasferia.
Siccesi.
Sita.
Subbar.
Sucarda.
Sufar I.
Sufar II.
Sufasar.
Summula.
Tabadcara.
Tabla.
Taborenta.
Tabunia.
Tadamata.
Tamada.
Tamazuca.

Tanaramusa.
Tasaccura.
Tatilti.
Tigamibena.
Tigava.
Tigisi.
Timici.
Tingaria.
Tipasa.
Tubuna.
Turris.
Tuscamia.
Vagal.
Vannida.
Vardimissa.
Villa Nova.
Vissalsa.
Voncaria.
Voncariana.
Vulturia.
Vbaba.
Vsinaza.
Zuccabar.

ÉGLISES DE LA MAVRÉTANIE SITIFIENNE.

Sitifis.
Acufida.
Alcala.

Aquæ Albæ.
Aras.
Assava.
Asuoremixta.
Castellum.
Cedamusa.
Cellas.
Choba.
Eminentiana.
Equizeta.
Ficus.
Flumen piscis.
Gegi.
Horrea.
Horrea Aninici.
Ierafi.
Igilgili.
Lemellefa.
Lemfocta.
Lesvi.
Macras.
Macriana.
Mariniana.
Medianas Zabi.
Molicunta.
Monta.
Mopta.
Nova Liciana.
Oliva.
Partenia.
Perdices.
Privata.

Saldæ.
Satafis.
Sertei.
Socia.
Surista.
Tamagrista.
Tamalluma.
Tamascania.
Thibuzabeta.
Thucca.
Tinista.
Tupusuctu.
Vamalla.
Zabi.
Zallata.

ÉGLISES DE LA MAVRÉTANIE TINGITANE.

Tingis.
Fez.
Maroc.
Septa

MAURÉTANIE
CÉSARIENNE

I. — CÉSARÉE.

C'était la capitale de Juba, appelée d'abord Jol et qui reçut, plus tard, en l'honneur de César Auguste, le nom de Cæsarea. Le même roi Juba, père de Ptolémée, lui donna ce nom, après qu'il l'eut rebâtie. Le géographe Ptolémée, réunissant les deux noms, appelle la ville Jol Cæsarea, tandis que Scylax, distinguant la ville et le port, nomme Césarée la ville de Jules. Un marbre de Césarée porte le nom de Jol[1] sous la forme de l'ethnique :

```
IOLITANA PRO
SALVTE FLORI
```

sur d'autres monuments de la ville nous lisons les noms des rois Ptolémée et Juba[2]. Un milliaire nous donnera le nom même de Césarée[3] sous sa forme correcte :

```
IMP. CAES. M. AV
RELIO.ANTONI
NO. PIO. FELICI
AVG. PONTIFIC
MAXIMO. TRIB
POTEST. COS. III
P. P. A CAESAREA
    MP. VI
```

Les monuments étrangers offrent plus souvent la forme *Cæsaria* et l'ethnique, même en Afrique, est constamment *Cæsariensis* ou parfois *Cæsarensis*.

---

[1] Corpus. 9341. Cf. 9767.
[2] Ibid. 9342 à 9351.
[3] Corpus. 10451.

Césarée obtint de l'empereur Claude le droit de colonie, comme Pline l'atteste et comme portent plusieurs inscriptions de Rome qui l'appellent *colonia Claudia Cæsaria Mauretania* [1]. Elle avait un port, ainsi que le dit Scylax, et devant le port se trouvait une île.

Remarquable par le nombre de ses habitants et par sa vaste enceinte, elle était la métropole de toute la province Maurétanienne, qui lui devait son surnom. Nous ferons remarquer que les monuments épigraphiques disent constamment *Mauretania* et non Mauritania.

L'éclat que donnèrent à Césarée les triomphes de ses martyrs, à l'époque chrétienne, augmenta encore sa gloire. Elle était, en effet, la patrie du martyr Arcade, dont Zénon, évêque de Vérone, originaire aussi probablement de Césarée, a fait l'éloge, et encore de Sévérien et Aquila, dont le martyre est consigné dans les Fastes de l'Église et dont les tombeaux se trouvaient là sans doute.

Césarée vit également le combat et le triomphe de la vierge et martyre, Marcienne de Rusucurru, du porte-enseigne Fabius, etc.

Le triomphe de l'empereur Constantin sur Maxence dut avoir un profond retentissement à Césarée, car on y a trouvé un marbre sur lequel était représentée la bataille avec cette inscription [2] :

PONS MVLVI
EXPEDITIO
IMPERATORIS
CONSTANTINI.

C'est dans l'église principale de Césarée, en présence

---

[1] Corpus. 9400. — et VI. 3262.
[2] Corpus. 9356.

d'un grand nombre d'Évêques, que saint Augustin eut, avec Émérite, la conférence dont nous avons encore le texte.

Au livre de la Doctrine chrétienne[1], le même saint Docteur rapporte que, se trouvant à Césarée, il fit cesser une coutume barbare d'après laquelle les habitants partagés indistinctement en deux groupes se battaient frères contre frères à coups de pierre. La même coutume est pratiquée jusqu'aujourd'hui par les montagnards de la Kabylie.

Écrivant à Deuterius de Césarée, au sujet de Victorin, diacre manichéen de Malliana[2], saint Augustin lui dit ce qu'il a à faire dans toute sa province contre les adeptes de Manès, et nous voyons par là que cet Évêque soit comme Primat ou doyen d'âge des évêques, soit comme métropolitain, avait certaine antorité sur le clergé de toute la Maurétanie.

Des fouilles pratiquées à Césarée sur l'ordre du cardinal Lavigerie ont mis au jour une *area* des premiers siècles, quand les chrétiens persécutés célébraient les saints mystères dans les cimetières. L'area se trouvait dans la nécropole de l'ouest, sur la voie romaine qui conduisait à Cartennæ, et à gauche de cette même voie. C'est ce que montre l'inscription suivante[3] :

```
AREAM AT SEPVLCHRA CVLTOR VERBI CONTVLIT
ET CELLAM STRVXIT SVIS CVNCTIS SVMPTIBVS
ECCLESIAE SANCTAE HANC RELIQVIT MEMORIAM
SALVETE FRATRES PVRO CORDE ET SIMPLICI
EVELPIVS VOS SATO SANCTO SPIRITV
ECCLESIA FRATRVM HVNC RESTITVIT TITVLVM M. A. I.
           SEVERIANI C. V
           EX. ING. ASTERI
```

[1] 4-24.
[2] Ep. 236.
[3] Corpus 9585.

Une couronne renfermant l'alpha et l'oméga et une colombe portant le rameau sont gravées avec ce texte sur le marbre. C'est un document d'une importance considérable pour l'étude des commencements du christianisme en Afrique.

Près de cette inscription, une autre fut trouvée, non moins importante, laquelle porte[1] :

```
IN MEMORIAM EORVM
QVORVM CORPORA IN AC
CVBITORIO HOC SEPVLTA
SVNT ALCIMI CARITATIS IVLIANAE
ET ROGATAE MATRI VICTORIS PRESBYTE
RI QVI HVNC LOCVM CVNCTIS FRATRIB. FECI
```

L'area de Césarée mesurait trente mètres de longueur et quinze mètres de largeur. Au centre s'élevait un édicule, de deux mètres de côté, ainsi qu'un autre plus petit : ils étaient voûtés et montés sur quatre murs à cintres ouverts. C'est là que les deux inscriptions ont été recueillies. Tout autour des édicules, dans l'enceinte de l'area et en dehors de l'enceinte, sur une grande étendue, on rencontrait des tombes nombreuses, recouvertes de larges briques et dépourvues d'épitaphes. Auprès des édicules, les tombes étaient tellement entassées que l'on en comptait jusqu'à six les unes sur les autres dans la profondeur du sol. Ces particularités se remarquent également à Carthage comme à Rome et sur beaucoup d'autres points en Afrique. Dans la nécropole occidentale de Césarée, on a découvert, en outre, beaucoup de sarcophages chrétiens des plus intéressants et des monuments de toutes sortes.

A l'est de la ville, sur l'oued en Neçara, ou des chré-

---

[1] Ibid. n° 9586.

tiens, il y avait une autre nécropole chrétienne. C'est de ce même côté qu'était l'amphithéâtre où la vierge Marcienne soutint un glorieux combat contre les païens et les juifs de Césarée, le cinq des ides de janvier.

Césarée disparut à l'époque des invasions arabes. Cependant les avantages de son port y groupèrent plus tard une population qui s'y maintint assez longtemps et elle conserva le nom de Cherchell qui paraît une altération du nom antique.

En 1830, quand l'Algérie fut occupée par la France, elle était complètement déserte, mais la ville s'est relevée depuis et a repris une certaine vie.

Le titre de Julia Césarée a été accordé à l'Évêque puis à l'archevêque d'Alger. Mais il faut avouer que le titre de Julia ne paraît pas avoir été jamais donné à la ville.

FORTVNAT. Cet Évêque se rendit, en 314, par la voie de Tanger et de l'Espagne, au concile d'Arles, avec son diacre Deuterius et il y souscrivit aux canons qui y furent faits[1].

CLÉMENT. Il était Évêque lors de la rébellion de Firmus en Maurétanie, c'est-à-dire, en l'année 372 et suivantes. Symmaque dans une lettre à Titianus[2], le loue de ce que, selon son devoir de bon citoyen, il défendit Césarée, sa patrie, alors que le Trésor public réclamait aux grands de la ville l'argent déposé au fisc et enlevé par l'ennemi. Il paraît, en effet, avoir obtenu de Valentinien et de Gratien qu'on ne réclamât pas de l'argent d'une curie réduite à la misère et qu'on n'ajoutât pas, aux malheurs d'une ville si

---

[1] Hard. I, 267.
[2] Ep. 64, lib. I.

éprouvée, celui de laisser enlever ce qui restait après le pillage par l'avarice de ceux à qui on l'avait conservé.

DEVTERIVS. Il assista à la conférence de Carthage, en 411; et il fut préposé à la garde des actes. Après la lecture de sa souscription, le donatiste Émérite s'avança et dit[1] : *Je le reconnais*. Il est souvent fait mention de ces deux Évêques dans les ouvrages de saint Augustin. L'un et l'autre vivaient même encore en 418, lorsque saint Augustin parla à Césarée[2]. Le saint Docteur appelle Deuterius *Évêque Métropolitain*. Il est probable qu'il n'entend pas cependant, par ce titre, désigner le Primat de la Maurétanie Césarienne, mais l'Évêque de la ville qui était la métropole de la province. Celle-ci avait le privilège de conserver les archives ecclésiastiques de la province. Nous avons vu un Évêque des Aquæ de Byzacène appelé aussi métropolitain par Victor de Vite. Le même terme se retrouve sur les monuments de Carthage.

Émérite, l'adversaire de Deuterius, est celui qui représenta les Donatistes dans la conférence. C'était un des sept Évêques que ceux-ci, comme déclare leur mandat, opposèrent aux catholiques[3].

APOCORIVS. Il est le vingt et unième sur la liste des Évêques de la Maurétanie césarienne qui, appelés à Carthage, en 484, par le roi Hunéric pour l'assemblée générale des évêques, furent ensuite tous condamnés à l'exil.

CRESCENT. C'est une inscription de Césarée qui nous fait

---

[1] Cogn. I, 143.
[2] Cf. Ep. 236.
[3] Cogn. I, 148.

connaître son nom, encore est-il bien incertain. Le texte, du reste, n'est point complet [1].

<pre>
            CRESCEN
           SFILOFILVS
            EPISCOP
              VS
</pre>

Il est gravé sur un carreau hexagonal de marbre, dont la partie supérieure manque.

Césarée eut des évêques titulaires dont plusieurs sont connus.

Charles Bourbon, 16 décembre 1652 ;

Bonaventure Rousseau, 6 mai 1658 ;

Alphonse de Aguago, 22 février 1672 ;

A partir de 1656, il y aurait eu, non plus des Évêques, mais des Archevêques de Césarée. Voici leurs noms :

Cœlius Piccolomini, 16 octobre 1656 ;

Frédéric Ubaldo, 6 juillet 1665 ;

Sava Millino, 17 juin 1675 ;

Jacques Cantelmo, 27 septembre 1683 ;

Laurent Casono, mars 1690 ;

Georges Spinula, 1er juin 1711 ;

Prosper Marefusco, 3 février 1721 ;

Jean-Claude Sommier, 29 janvier 1725 ;

Michel-Ignace Cribello, 30 septembre 1739 ;

Louis Valenti, 9 juillet 1764 ;

Jean-Baptiste Pignatelli, 1er mars 1779 ;

Antonin-Marie Trigna, 17 décembre 1819 ;

Charles-Emmanuel Sardagna de Hohenstem, 21 février 1839 ;

---

[1] Eph. V, 1035.

Jean-Emmanuel Trisarvi e Peralto, 27 avril 1840 ;
Aristarque Azaria, méchitariste de Vienne, en 1849 ;
Jacques Bojagi, méchitariste de Vienne, en 1855 ;
Antoine Agliardi, 13 novembre 1884.

II. — ADSINNADA.

C'est une ville inconnue des géographes. On sait seulement, par la notice, qu'elle se trouvait dans la Maurétanie Césarienne. Ruinart a rejeté la leçon ad sinvada qui est contraire au manuscrit unique de Laon. Du reste, les martyrologes hiéronymiens, ceux de Bède et autres, annoncent, le trente et un juillet, des martyrs de Sinnada, cité d'Afrique ; ils veulent dire sans doute, des martyrs dont les reliques étaient vénérées dans cette ville. C'est ce que divers monuments, découverts tout récemment en plusieurs points de l'Afrique, nous attestent clairement. La forme du nom Ad Sinnada marque que la ville épiscopale n'était, à l'origine, qu'une station, de même que Cathaquas, autre ville épiscopale de la Numidie.

CAIVS. On lit son nom dans la notice. Il est le cent quinzième de la Maurétanie césarienne que Hunéric convoqua à Carthage, en 484, avec les autres Évêques d'Afrique. La note *probatus* ajoutée à son nom, probablement vers l'an 490, nous apprend qu'il mourut pour la foi soit en route soit dans son exil.

Nous répéterons, en commençant l'énumération des

villes épiscopales de cette province, que la notice fut dressée en 482, que l'assemblée de Carthage eut lieu en 484 et que l'annotation de la notice se fit plus tard, et enfin que nous n'avons pour ce document qu'un seul ancien manuscrit, celui de la bibliothèque de la ville de Laon. Quant à la note *probatus*, nous la lisons dans l'épitaphe d'un Évêque de cette époque qui mourut à Tanaramusa en 495 et dont il est dit qu'il fut *multis exiliis probatus.*

III. — ALA MILIARIA.

Cette ville se trouvait dans la Maurétanie césarienne et elle devait son nom militaire de Ala Miliaria à une aile de cavalerie. Les anciennes inscriptions font souvent mention de l'ala miliaria ; on en a trouvé à Césarée, à saint Denis du Sig, à Marengo, au Viel Arzeu, etc., toutes localités de la Maurétanie césarienne. L'inscription d'Arles porte *Ala miliaria in Mauretania cæsariensi* [1]. Le diplôme de l'an 107 trouvé à Césarée nomme *l'ala I nerviana Augusta pia fidelis Miliaria* [2]. L'épitaphe du Viel Arzeu la nomme *ala Brittonum veteranorum miliaria* [3]. Évidemment il y avait plusieurs ailes de cavalerie dans les Maurétanies et jusqu'ici aucun texte n'indique quelle ville a pris le nom de l'une d'elles. Il est pourtant permis de croire que l'ala miliaria avait son centre dans la

---

[1] Corpus. XII. 672.
[2] Cagnat. Rev. Arch. XIX. 394
[3] Corpus. VIII. 9764.

capitale de la province, la moderne Cherchell. L'inscription publiée par Gruter[1] a été trouvée dans le Norique et se trouve aujourd'hui à Vienne. Elle porte que Valerius Vrbanus et Licinius secundinus, appartenant à l'ala miliaria de la Maurétanie césarienne, ont dédié une statue à Titus Varius Clemens. Les monuments de Césarée et du Sig font connaître deux officiers de l'ala miliaria, un præfectus equitum et un dupliciarius[2]. D'autres sont funéraires et ni les uns ni les autres n'ont pu jusqu'ici nous faire connaître le véritable emplacement de notre ville épiscopale.

MENSIVS pour Messius, comme Mingin est pour Miggin. La notice des Provinces et des cités d'Afrique le mentionne le trente-troisième parmi les Évêques de la Maurétanie césarienne qui, en 484, sur l'ordre du roi Hunéric, se rendirent à Carthage avec leurs autres collègues et furent, à cause de leur profession de foi catholique, envoyés en exil.

IV. — ALBVLA.

Albula est le nom d'un Évêché de la Maurétanie césarienne que l'anonyme de Ravenne appelle Albulas et qu'il cite après Portus Divinus. L'Itinéraire d'Antonin met la station ad Albulas entre Rubræ et Dracones. Albula a été retrouvée tout récemment à Aïn Temouchent, grâce à un texte épigraphique que nous reproduisons[3] :

[1] Page 482. 7.
[2] Eph. V. 992. Cf. 996 et Corpus. 9389 et 9750.
[3] Rev. Arch. 1889. p. 424.

IMPP. DIOCLETIANO. ET. MAXIMIANO. AVGG. ET.
CONSTANTIO.
ET. MAXIMIANO. NOBILISSIM. CAESS. C. IVL. FORTVNATVS
CVR.
AC. DISP. REIP. ALBVL. TEMPVLVM. DEAE. MAVRAE.
AD PRISTINVM
STATVM. REFORMAVIT. DVMVIRATV. C. IVL. GAITATIS. IVN
etc. etc.
ANNO PROVINCIA. CC. LX.

L'ère Maurétanienne commence en l'an 40 : il s'agit donc de l'an 300 de notre ère.

D'après un autre texte [1], le culte d'Astarté ou de Junon Céleste, la grande déesse de Carthage et de toute l'Afrique, *Deœ Magnœ Virgini Cœlesti*, était pratiqué jusqu'à Albula de la Maurétanie, qui avait aussi, on vient de le voir, sa déesse particulière, *Deœ Maurœ*.

Les inscriptions funéraires chrétiennes ne manquent pas à Albula. Comme elles ont une physionomie particulière, nous en citerons quelques-unes [2] :

HIC EST
ANTONIA
EMERITA
QVI VIXIT
ANNIS PLVS
MINVS LXET
DISC IN PAC
E DNI ANOP
RVIN CCCCLII

La formule *hic est* relative au corps de la défunte qui attend la résurrection et la formule *discessit in pace Domini* qui se rapporte à l'âme, méritent assurément l'at—

---

[1] Corpus. 9796.
[2] Bull. des ant. Afric. 1882. p. 136.

tention. L'épitaphe suivante renferme la formule DMS qui avait pris un sens chrétien ou du moins qui avait perdu sa signification païenne[1] :

```
        DMS
     MEMORIAE
     AVRELIA F
     LORIDAQV
     AE VIXIT ANN
     IS XXXV ET
     DISCESSIT
     IN PACE DN
     DIE VID....
     ANP CCCCXXXVI
```

Aïn Temouchent est le Ksar Ibn Senan des auteurs arabes.

La ville romaine était bâtie sur le bord d'un escarpement, au confluent de l'oued Temouchent et de l'oued Senan. Les ruines étaient considérables avant l'établissement du bourg moderne ; elles fournissent encore tous les jours des documents de toutes sortes, dont une bonne partie sont de l'époque chrétienne. J'y ai trouvé l'épitaphe d'un soldat Batave.

TACANVS. Appelé à Carthage, en 484, par le roi Hunéric, il s'y rendit avec les autres Évêques d'Afrique, puis fut exilé pour avoir combattu l'Arianisme. Dans la notice de 482 il figure le soixante-dix-neuvième parmi les Évêques de la Maurétanie césarienne.

[1] Bull. arch. 1887. p. 157.

V. — ALTAVA.

L'Itinéraire d'Antonin place une Altava dans la Numidie et non loin de la colonie de Theveste. Nous la retrouvons à Heuchir Altabia, mais nous ne savons si elle eut des Évêques.

Il y eut en outre, d'après la notice de 482, une Altava dans la Maurétanie césarienne. C'est celle que Ptolémée appelle Altao et l'anonyme de Ravenne Altaba. Elle a été retrouvée à Hadjar er Roum, près du village de Lamoricière, comme le prouvent diverses inscriptions [1] :

```
IMP. CAES M AV
RELIO ANTONI
NO PIO FELICI.
AVG. P. MAX. TRIB
POTESTATIS P. P
COSIII PROCONS
DIVI PII. SEVERI
NEPOTI DIVI MA
GNI. ANTONINI
PII FILIO ORDO
CIV ET POPVLARES
ALT DEVOTI NVMI
NI EIVS.
```

Le nom entier de la cité, Altava et non Altaba, se lit sur un milliaire de la voie qui reliait la ville à Pomaria [2] :

```
AB ALTAVA POMAR
MI
A. P CCV
```

[1] Corpus. 9834.
[2] Eph. VII. 674.

Nous lisons la fin de l'ethnique sur un autre monument[1]. *(Alta) venses perfecerunt*.

La nécropole chrétienne d'Altava a fourni quantité d'épitaphes très intéressantes. En voici quelques-unes[2] :

```
         DMS
     CREPEREVS HO *
   NORIVS VICXIT ANNI
   S XXX DISCESIT XVII
     KALEN * NOVE * PA
TER * DVL * FEC * PCCCLXXXVI
```

Le terme *discessit* est commun à la plupart des épitaphes. La suivante renferme la formule *fecit domum æternalem* qui est particulière à Pomaria[3] :

```
! MEM * IVLIVS DONATVS
PATERFAMILIAS CVI FILI
 FECER * DOMVM ETERNALE
VIXIT ANNIS PLVS MIN * LXXV
  DIC * VII IDVS NOB * AN
    NO PROC CCCCXCVII
```

Le titre *paterfamilias* paraît dans les paraboles évangéliques. Saint Augustin en parle souvent et il décrit en un endroit de ses ouvrages les devoirs d'un vrai père de famille[4].

AVVS. Nous lisons son nom le dixième parmi ceux des Évêques de la Maurétanie césarienne que le roi Hunéric manda à Carthage en 484, avec les autres Évêques d'Afrique, et qu'il condamna à l'exil après leur avoir enlevé

---

[1] Cf. Eph. vii. 675 et seq.
[2] Ibid.
[3] Corpus. 9869.
[4] Tract. 51. in Joan. 13.

leurs églises. La forme Avius se lit dans une épitaphe chrétienne d'Albula, ville voisine d'Altava[1].

VI. — AMAVRA.

Les géographes ne disent rien d'Amaura, mais nous savons, par la notice, qu'elle se trouvait dans la grande Maurétanie. Serait-ce le bourg actuel d'Amoura, situé sur l'oued Djedi, et qui a certainement succédé à une ville romaine? Nous ne pouvons l'affirmer.

VRBAIN. Il figure le trente-cinquième parmi les Évêques de la Maurétanie césarienne qui, en 484, sur l'ordre du roi Hunéric, se rendirent à Carthage pour l'assemblée générale des Évêques. Une note, ajoutée au nom d'Urbain, nous apprend que lui aussi fut éprouvé par l'exil et qu'il mourut loin de son siège pour la confession de la foi catholique.

VII. — AMBIA.

On ne peut confondre Ambia de la Maurétanie césarienne avec Agbia de la Proconsulaire. La notice nous apprend, en effet, qu'Ambia avait un Évêque en 482, et elle

---

[1] Corpus. 9800.

le nomme parmi ceux de la Césarienne. Ruinart fait remarquer, à propos de saint Maxime, martyr sous Dèce, que quelques anciens exemplaires de ses actes portent que Maxime a subi le martyre dans la province d'Ambia ; mais d'autres écrivent Asia au lieu de Ambia. Une inscription des Aquæ de Sira, ville épiscopale de la Césarienne, porte ce qui suit[1] :

numini
AQVARVM
SIRENS
PORCIVS
QVINTVS
DECALEX
PRAEPNVM
AMB CIV V
OQVS PCCIII

Ce texte offre des variantes, mais on peut y voir la mention d'un *Numerus ambiensium* ou bien *Ambiensis civitatis*.

FELIX. En 484, il se rendit à Carthage, sur l'ordre du roi Hunéric, en même temps que ses collègues. Son nom figure le quarante-sixième parmi les Évêques de la Maurétanie césarienne qui furent alors condamnés à l'exil pour avoir professé la foi catholique.

[1] Corpus. 9745.

VIII. — AQVAE.

Il y avait une ville du nom d'Aquæ dans la Maurétanie césarienne, comme la notice le prouve. L'Itinéraire d'Antonin place la station d'Aquæ entre Sufasar et Cæsarea, à seize milles de Sufasar et à vingt-cinq milles de Césarée. On a pu, dès lors, et sans peine, la reconnaître à Hammam Righa, qui signifie les eaux bonnes. Ptolémée les appelait Eaux chaudes Uδατα Θερμα. Ce sont des eaux thermales, salines ou ferrugineuses, s'élevant à quarante et cinquante degrés de température, très fréquentées aujourd'hui encore comme au temps des Romains.

Les ruines de la cité se voient sur un plateau, au pied du mont Zakkar. Au-dessus de la ville, au nord, on a retrouvé les restes d'une basilique dont l'abside en saillie mesurait six mètres de largeur. La longueur de l'édifice était de vingt mètres environ et la largeur à peu près de quatorze mètres. Il y avait une autre basilique moins considérable à l'intérieur de la ville. La nécropole chrétienne a fourni plusieurs sarcophages remarquables.

HELPIDIVS. Il est nommé dans la conférence de Carthage de l'année 411 où on lit qu'il ajouta : [1] *J'ai pour compétiteur l'évêque Reparat.* Or, ce dernier qui était aussi présent dit : *C'est lui-même, je le connais.* Il en est encore fait mention plus loin parmi les Donatistes, lorsqu'il fit sa déclaration en disant [2] : *J'ai donné mandat et j'ai souscrit.*

---

[1] Cog. I. 135.
[2] Ibid. 197.

IANVIER. La notice l'inscrit le vingt-quatrième parmi les Évêques de la Maurétanie césarienne que le roi Hunéric convoqua par un édit, à Carthage, en 484, avec les autres Évêques d'Afrique, et qu'il condamna à l'exil.

IX. — AQVAE DE SIRA.

La notice place cet Évêché dans la Maurétanie césarienne ; elle le nomme Aqui sira, tandis que les actes de la conférence de 411 l'appellent Adque sira. Personne, cependant, n'en indique l'emplacement. L'anonyme de Ravenne seul nous apprend que la rivière de Sira se trouvait entre la Mina et la Tasaccora. Dès lors, il convenait de rechercher l'emplacement des Aquæ de Sira sur l'oued el Hammam qui répond évidemment à la rivière de Sira. Or, sur cette rivière, il y a précisément des eaux thermales, dites aujourd'hui Hammam hel Hanefia.

C'est à deux kilomètres de l'établissement thermal, sur la rive droite de la rivière, que l'on a retrouvé la ville épiscopale antique. C'est là qu'a été découverte l'inscription de l'an 243 qui mentionne les *Aquæ sirenses* et que nous avons signalée à l'article d'Ambia. Plusieurs bornes milliaires des environs portent aussi le nom de la cité. Nous n'en citerons qu'une seule [1] :

---

[1] Eph. v. 1162.

D. N
IMP. CAES. M. IVL
PHILIPPO. IN
VICTO. PIO. FEL
AVG. PONT. MAX
TRIB. POTEST.
P. P. AB. AQ. MP
V

La nécropole chrétienne a fourni plusieurs épitaphes intéressantes, dont nous donnerons la suivante [1] :

ΔOMMΔ
SALLVSTVCI
VS MANNO
VIXIT AN
NIS LXXX
AP DXXX ET OC
TAVA ET
DE CE SIT

Il nous reste à donner les noms des Évêques connus de la ville.

HONORAT. Il suivait le parti de Donat et, en 411, assista à la conférence de Carthage où il répondit à l'appel[2] : *J'ai donné mandat et j'ai souscrit.*

FELIX. Il est le soixante-sixième sur la liste des Évêques de la Maurétanie césarienne avec lesquels il quitta Carthage pour l'exil, en 484, lorsque le roi Hunéric bannit tous les Évêques catholiques.

[1] Corpus. 9746.
[2] Cogn. I. 188.

X. — ARENA.

Nous ne saurions affirmer que le nom de cette ville vient de *Arena*, le sable. La ville actuelle de Bou Saada peut avoir porté ce nom parce qu'un banc de sable vraiment remarquable couvre tout le front de l'oasis. Nous ne pouvons davantage affirmer que Arena est la même ville que Ptolémée appelle Arina et qu'il place dans la Maurétanie césarienne. La ville que El Bekri appelle Adena est celle qui est nommée aujourd'hui Zana et elle répond à Diana, ville épiscopale de la Numidie.

Il y eut, d'autre part, une ville de la Maurétanie, nommée Aras, et nous l'attribuons à la Sitifienne. Une autre Aras appartient à la Byzacène. Nous avons distingué Aras de Hirena ou Ira et de Nara ; nous distinguerons également Arena de Aras. Nous ferons cependant observer que la terminaison Arenensis peut fort bien être due aux copistes qui auraient allongé la forme Arensis, de la même manière que nous trouvons Hirenensis et Irensis.

CRESCENTIEN. Il assista, en 411, à la conférence de Carthage où il répondit à l'appel[1] : *Je suis présent ; chez moi, il y a l'unité,* c'est-à-dire, tous les habitants d'Arena sont catholiques.

Il est fort probable que c'est l'Évêque maximianiste de Nara, que Marcelli donne sous le titre de Murra et que plusieurs manuscrits appellent Crescentien d'Aras. Con-

[1] Cog. I, 128.

verti ou revenu au catholicisme, il se trouva en 411 sans compétiteur sur le siège épiscopal de Nara en Byzacène. En ce cas l'Évêché d'Arena n'aurait pas existé.

XI. — ARSINNARI.

Ptolémée attribue la colonie d'Arsenaria à la Maurétanie césarienne. L'Itinéraire d'Antonin la place entre Quiza et Cartennæ. Pline dit qu'Arsennaria était située à trois milles de la mer. Il la nomme ville de latins, c'est-à-dire colonie latine, comme il y en avait aussi en Espagne. La vérité est qu'Arsinnari, comme d'autres villes africaines, se composait de deux centres, l'un maritime pour le port, et l'autre situé dans l'intérieur des terres, ainsi que Pline le marque. Du reste, on peut vérifier le fait aujourd'hui. Car Arsinnari se voit à Sidi Bou Ras, près du cap Magraoua. D'autres auteurs ont fait mention d'Arsennaria et ce nom paraît dans une inscription des environs de Côme, publiée par Gruter [1] :

C. CALPVRNIVS. L. F. QVE
FABATVS
VI. VIR. IIII. VIR. I. D. PR. M.
PRAEF. PRAET. TRIB. MIL. LEG. XXI. RAPAC
PRAEF. COH. VII. LVSITAN. ET
NATION. GETVLIC. ARSEN.
QVAE. SVNT. IN. NVMIDIA
FLAM. DIVI. AVG.
EX. PATRIMONIO. T. F. I.

[1] 382. 6.

Il semblerait que la vraie forme du nom est Arsennari.

PHILON. La notice de 482 le porte le quatre-vingt-quinzième parmi les Évêques de la Maurétanie césarienne et prouve qu'il se rendit à Carthage, avec ses autres collègues, en 484, lorsque le roi Hunéric leur prescrivit à tous de s'y réunir.

Le nom de Philon se lit sur un monument de Césarée[1], et celui de Crescens Filofilus est le nom d'un Évêque enseveli dans cette même ville[2].

XII. — AVZIA.

La ville d'Auza, autrement Auzia, est très ancienne, puisqu'on dit qu'elle fut fondée par Ithobal, roi de Tyr[3]. Tacite mentionne le Castellum Auzea[4]. On y adorait le dieu Auzius[5]. Plus tard, elle eut le titre de municipe et de *colonia septimia aurelia auziensium*[6] :

MACELLVM CVM PORTICIBVS
ET PONDERIBVS OMNIBVSQVE OR
NAMENTIS RESP COL SEPTIMIAE. AVR. AVZI
ENSIVM SVMTIBVS. TVM. SVIS. QVM
EX SPORTVLIS. DECVRIONVM. OPE
RISQVE POPVLARIVM, etc.

[1] Corpus. 9508.
[2] Eph. v. 1035.
[3] Cf. Menaud, apud Joseph. Aut. Jud. 8. 13. 2.
[4] Ann. 4. 25.
[5] Corpus. 9014.
[6] Ibid. 9062.

Auzia formait une confédération avec Equizetum et Rusguniæ, comme ont fait les quatre villes cirtésiennes en Numidie.

Ptolémée fait mention de Auzive. L'Itinéraire met Auza entre Tatilti et Rapidi. Selon la notice de l'Empire, il y avait un *Præpositus limitis Audiensis*. Dans une inscription le nom de la ville apparaît sous la forme *Audi* [1]. Ammien Marcellin nomme le municipium Addense, qu'il semble distinguer du Castellum Audiense, autrement Duodiense ou Vodiense [2].

Auzia est la moderne ville d'Aumale que les indigènes appellent Sour er Rozlan. Les restes des monuments romains y sont très nombreux. Il est fort probable que la Galaxia, que la table de Pentinger place entre Equizeta et Castra, doit être lue colonia Auzia.

DONAT. Il est dit évêque de Buza, pour Auza, comme nous le croyons, et il est cité parmi les Donatistes qui assistèrent en 411, à la conférence de Carthage, dans laquelle à l'appel de son nom il dit [3] : *J'ai donné mandat et j'ai souscrit*.

XIII. — BACANARIA.

La notice place Bacanaria dans la Maurétanie césarienne; nous n'en savons pas davantage à son égard.

---

[1] Ibid. 9045.
[2] 29. 5.
[3] Cog. 1. 208.

PALLADE. Son nom est le quarantième dans la liste des Évêques de la Maurétanie césarienne qui, en 484, sur l'ordre du roi Hunéric, vinrent à Carthage avec leurs autres collègues et de là furent exilés à cause de leur profession de foi catholique.

XIV. — BALIANA.

La notice nous apprend que Baliana se trouvait dans la grande Maurétanie. C'est probablement le Ballene Præsidium que l'Itinéraire d'Antonin place entre Castra Nova et Mina, et qui répond à la bourgade actuelle de l'Hillil, où il y avait certainement un établissement romain.

CAECILIVS. Il figure le quatre-vingt-onzième parmi les Évêques de la Maurétanie césarienne qui, s'étant rendus à Carthage, en 484, pour l'assemblée générale des Évêques, furent exilés loin de leurs églises.

XV. — BAPARA.

Parmi les villes de la Maurétanie césarienne Ptolémée nomme Vabar, sur la côte, entre Rusazus et Saldæ. D'autre part, diverses inscriptions d'Auzia, de Césarée, de Regias, etc., mentionnent la tribu puissante des Bavares ou Babari[1], laquelle comprenait plusieurs fractions importantes. Nous en avons déjà parlé à l'article de Babra, ville épiscopale de la Numidie. C'était une tribu de Maures, qui a dû avoir un centre, une sorte de chef-lieu, qui fut une ville épiscopale. Rien, en effet, n'est plus commun que l'emploi du B pour le P et du V pour le B. La notice de 482 place Bapara dans la même province. Mais nous ignorons son emplacement. Seule l'inscription de Césarée dit que les Bapari habitaient au-delà d'un lac[2] :

```
            IOVI. OPTIMO. MAXIMO.
              CETERISQVE. DIS.
                IMMORTALIBVS
              GRATVM. REFERENS.
            QVOD. ERASIS. FVNDITVS.
            BABARIS. TRANSTAGNEN
           SIBVS. SECVNDA. PRAEDA.
          FACTA. SALVVS. ET. INCOLVMIS
             CVM. OMNIB. MILITIBVS.
             DD. NN. DIOCLETIANI. ET.
                MAXIMIANI. AVGG.
                   REGRESSVS
           AVREL. LITVA. V. P. P. P. M. C.
             VOTVM. LIBENS. POSVI.
```

Nous ne connaissons qu'un seul Évêque de Bapara.

VINCEMALOS. Cet Évêque figure le quatre-vingt-dix-huitième parmi les Évêques de la Maurétanie césarienne que le roi Hunéric convoqua avec les autres à Carthage en 484 et qu'il condamna à l'exil.

Son nom, d'un fréquent usage chez les chrétiens de Carthage, paraît emprunté à une expression de l'Apôtre, *vincere in bono malum*[3].

---

[1] Corpus. 9047. Eph. v. 1062.
[2] Corpus. 9. 324.
[3] Rom. 12.

XVI. — BENEPOTA.

Benepota n'est connue que par la notice de 482 qui attribue cet Évêché à la Maurétanie césarienne.

HONORIVS. Il figure le quarante-quatrième sur la liste des Évêques de la grande Maurétanie qui, après leur convocation à Carthage, en 484, pour une assemblée générale des Évêques, furent envoyés en exil par le roi Hunéric.

XVII. — BIDA.

Ptolémée cite Bida parmi les colonies de la Maurétanie césarienne, où la notice de 482 place aussi cet Évêché. Elle donnait même son nom à une des huit limites dont le gouverneur s'appelait *Præpositus limitis Bidensis* sous les ordres du comte d'Afrique. Il y avait sous les ordres du duc de la Maurétanie un autre Præpositus limitis Bidensis, autrement *Vidensis*. Il se pourrait que Vida soit distincte de Bida. L'Itinéraire d'Antonin met le Municipe de Bidil, autrement Bida, entre Tupusuctu et Tigisi, ce que fait aussi l'anonyme de Ravenne qui écrit Bidda. Quant à la table de Pentinger, elle nomme Syda Municipium entre Ruzai et Tigisi. En outre, Ptolémée annonce, non loin de Bida, une autre ville nommée Badel, autrement

Badea. Julius Honorius mentionne le Bida oppidum après Tupusuctu.

Comme la notice de l'Empire nomme l'un après l'autre le Castellum des Bidenses, autrement Videnses, et celui des Badenses, on peut admettre, ainsi que nous l'avons dit ci-dessus, que Bida est distincte de Bada et de Vida. C'est une question très embrouillée.

Quant à la ville épiscopale de Bida, on croit généralement qu'elle est représentée par les ruines de Djemâ Sahridj, village situé à l'entrée de la Kabylie. Les données fournies par les routiers concordent assez bien avec ce point, où se voient les restes d'une ville antique, qui a dû être une station militaire destinée à contenir les tribus belliqueuses de la Kabylie. On y remarque une belle piscine qui a donné son nom au village actuel, une fontaine qui coule dans un magnifique bassin antique, des mosaïques, des fragments de statues, des monuments de toutes sortes.

Ajoutons qu'un fragment d'inscription des environs d'Arzeu mentionnerait, selon M. Cagnat, un *præpositus l(imitis) B(idensis)*[1].

CAMPANVS. La notice le compte le quatre-vingt-cinquième parmi les Évêques de la Maurétanie césarienne qui, ayant reçu du roi Hunéric, en 484, l'ordre de venir à Carthage, furent envoyés en exil avec leurs autres collègues.

---

[1] Corpus. 9755.

XVIII. — BITA.

La notice nous apprend que Bita était distincte de Bida, mais que toutes deux appartenaient à la Maurétanie césarienne. Bita est-elle cette ville de Vida dont nous avons parlé à l'article précédent? Nous ne savons le dire.

PANNONIVS. On trouve son nom le quatre-vingt-troisième dans la liste des Évêques de la Maurétanie césarienne que, en 484, le roi Hunéric appela à Carthage en assemblée générale et qu'il bannit ensuite avec tous leurs autres collègues.

XIX. — CALTADRIA.

La notice place Caltadria dans la Maurétanie césarienne et on ne trouve nulle part ailleurs une trace quelconque de cette ville.

VICTOR. La notice le cite le soixante-septième parmi les Évêques de la Maurétanie césarienne que le roi Hunéric après les avoir convoqués en assemblée générale à Carthage, en 484, condamna tous à l'exil avec les autres confesseurs. La note *probatus* jointe à son nom indique que Victor mourut pour sa foi en exil.

XX. — CAPRA.

La ville ou le bourg de Capra est attribué par la notice à la Maurétanie césarienne. Ammien Marcellin nous apprend[1] que le comte Théodose eut à lutter contre les tribus Kabyles des Caprarienses et des Abanni, qui habitaient les montagnes appelées Montes Caprarii.

La table de Pentinger place une station dite Capraria entre Thagura et Thibilis de Numidie. Victor de Vite, de son côté, dit qu'il y avait, au-delà de Sicca et de Lares, une localité appelée Capra picta dans les états d'un roi Maure nommé Capsour. Toutefois cette localité doit très probablement être cherchée au sud de l'Aurès.

Au temps de Genséric quelques confesseurs relégués en ces lieux déserts, *commencèrent*, dit Victor[2], *par leurs prédications et par les relations qu'ils eurent avec les barbares, à les porter à la connaissance du Seigneur notre Dieu, et de la sorte ils gagnèrent à Notre-Seigneur Jésus-Christ une grande multitude de païens.* Il parle aussi d'une députation qu'ils envoyèrent à l'Évêque d'une cité romaine pour demander qu'on leur envoyât un prêtre et des administrateurs, et il ajoute qu'ayant obtenu ce qu'ils demandaient, ils constituèrent en ce lieu une église.

Pour Capra de Maurétanie il est bien plus probable qu'elle se trouvait dans la région qu'occupait l'usurpateur

---

[1] 29. 37.
[2] 1. 2. Pers. Vaud.

Firmus. Une épitaphe de Tupusuctu porte le nom de M. Ulpius *Cabbire(n)sis* [1].

PRIMVS. La notice le nomme le cinquante-troisième parmi les Évêques de la Maurétanie césarienne que le roi Hunéric convoqua en assemblée générale, en 484, pour les condamner à l'exil avec leurs collègues des autres provinces.

XXI. — CAPVT CELLA.

Dans l'Itinéraire d'Antonin, on lit le nom de Caput Cillanum, autrement Caput Cilanum, comme appartenant à la Maurétanie césarienne, où la notice place également Caput Cilla. La notice de l'Empire d'Occident mentionne le *præpositus limitis Caput Cellensis*. C'est la forme que nous adopterons pour notre Évêché.

L'Itinéraire, mettant Caput Cillanum sur la voie d'Auzia à Césarée, entre Tirinadi et Sufasar, il faut la chercher probablement aux environs du village de Berrouaghuïa. On y trouve, au reste, des ruines importantes.

La notice de l'Empire, de son côté, nomme Caput Cella entre Auzia et Augusta qui peut être la même ville que Zucchabar, aujourd'hui Affreville, près Miliana.

Ammien Marcellin décrivant la marche du comte Théodose, dit [2] qu'il vint de Césarée au Municipe de Zucchabar,

---

[1] Ann. de Const. 1888. p. 430.
[2] 29. 5.

qui est sur le flanc du mont de Transcella. Évidemment Cella ou Cilla se trouvait dans cette région, mais nous ignorons si Caput Cella devait son nom à une montagne ou à une rivière ou à une autre particularité. Il y avait jadis à Rome un établissement appelé Caput Africæ dans la rue qui porte encore le nom de Capo d'Africa. Un promontoire et une ville de la Byzacène s'appelaient Caput Vada. Le lieu où la rivière de Cirta prenait sa source se nommait Caput Ampsagæ. Il y avait, d'après la table de Pentinger, un Caput Budelli, près de Cuiculum, en Numidie. Les ruines dites Heuchir Souik, dans la province d'Oran, près de Tagremaret, portaient autrefois, selon une borne milliaire [1], le nom de Kaput Vrbis. Dans la même région, aux Djedar, plusieurs monuments portent, gravé en gros caractères, le nom de Cilla. Enfin, plusieurs groupes de ruines de la région d'Auzia et de Médéa s'appellent Chella ou Chellala et les ruines sur lesquelles s'élève le village de Damiette étaient connues sous le nom de Aïn Chellala. Ce point, du reste, peut représenter le Caput Cilla de l'Itinéraire.

FORTIS. Cet Évêque est le trente-huitième parmi ceux de la Maurétanie césarienne que le roi Hunéric envoya en exil, en 484, avec les autres Évêques d'Afrique, après les avoir convoqués à Carthage.

[1] Eph. VII. 672.

XXII. — CARTENNAE.

Cartennæ, ou Cartennas, était une ville célèbre de la Maurétanie césarienne, que Pline appelle une colonie d'Auguste, parce que la seconde légion y avait été transportée. Ce titre se lit, en effet, dans l'inscription suivante [1] :

```
        C FVLCINIO M F QVIR
     OPTATO FLAM AVG II VIR
     QQ PONTIF II VIR AVGVR
        AED QV aë STORI QVI
       INRVP ti ONE BAQVA
        TIVM COLONIAM TVI
         TVS EST tesTIMONIO
        DECRETI ORDINIS ET
        POPVLI CARTENNITANI
       ET INCOLAE PRIMO IPSI
           NECANTE VLLI
          AERE CONLATO
```

Il y avait donc, à Cartennas, deux populations, comme il y avait deux centres. Aujourd'hui encore on distingue Tenès maritime et le vieux Tenès. Tenès ou Tennès est le nom que Cartennas a conservé. Cette particularité des deux groupements de populations urbaines, sans compter la population de banlieue, suffit à nous expliquer l'existence, en certaines villes africaines, de deux Évêques portant en même temps le même titre, à l'époque du schisme. L'Itinéraire d'Antonin place Cartennas entre Arsinnari et Lar Castellum et il lui donne aussi le titre de colonie. Les autres anciens géographes nomment également cette ville.

[1] Corpus. 9663.

Nous savons, par les actes de son martyre, que le corps du porte-enseigne Fabius fut porté à Cartennas ; mais nous ne croyons pas qu'on puisse attribuer à cette ville les martyrs de Carteria, honorés à Carthage le quatre des nones de février, et pour lesquels saint Augustin a fait un discours au jour de leur naissance [1]. Du reste, Cartennas eut à vénérer d'autres saints, ainsi que le montre l'inscription suivante [2] :

        ECVSA SAT..........
        TA MARTVRAS CHRisti.....
        RATA ET SIMPLICIA in pa
        CE CONVENIentes.....

Les martyrs qui s'assemblaient ainsi comme ceux de Abitina appartiennent sans doute à la persécution de Dioclétien.

Nous avons parlé, à l'article de Thænas, ville épiscopale de la Byzacène, de l'Évêque Peregrinus, que divers manuscrits attribueraient à Cartennas, en faisant de Maxime un médecin de cette dernière ville. Nous n'y reviendrons pas ici, mais nous donnerons l'épitaphe d'un médecin chrétien de Cartennas [3].

        BONE MEMO
        RIAE. ROZONI
        MEDICI. VIXIT
        ANNIS. LXX. DIES
        XX. PRECESSIT
        NOS IN PACE
        XVI KAL MAIAS
        PR CCCC XVIII
        GAIA. VIRO Dul
        CISSIMO FECIT

[1] Indic. c. 9.
[2] Corpus. 9692.
[3] Corpus. 9693.

Le texte est en mosaïque et paraît au-dessus de deux poissons.

ROGAT. C'est cet Évêque que saint Augustin, pour le distinguer des autres du même nom, appelle parfois Rogat le Maure. Il était donatiste, et auteur d'une nouvelle secte qui prit de lui le nom de Rogatistes. Il vivait déjà lorsque saint Augustin était encore jeune, c'est-à-dire, avant l'année 390, époque où celui-ci était dans sa trente-sixième année[1]. Il eut beaucoup à souffrir de la part des Donatistes, tout comme les Maximianistes de la part des Primianistes, *non pour le motif sacré de la foi, mais pour une animosité sacrilège,* dit saint Augustin[2].

VINCENT. Nous apprenons, par une lettre que lui écrivit saint Augustin, vers l'an 408, que cet Évêque succéda à Rogat[3] : *J'aime aujourd'hui davantage le repos,* lui dit-il, *que lorsque vous m'avez connu jeune encore à Carthage, durant la vie de Rogat auquel vous avez succédé.* Quoiqu'il fut donatiste, saint Augustin avait cependant quelque espoir de le voir rentrer dans l'église catholique[4], ce qu'il concluait de la lettre qu'il avait reçue de lui. Au reste, il n'assista pas à la conférence de Carthage.

RVSTIQVE. Il était catholique et il siégea avec sēs autres collègues en 418, dans la réunion de Césarée, lorsque saint Augustin provoqua le donatiste Émérite à une conférence dans la plus grande basilique de la ville. C'est ce qu'il rap-

---

[1] Ep. 93. 1.
[2] Cont. Ep. Parm. 1. 10. 16 et 13. 51.
[3] Ep. 93.
[4] Cont. Ep. Parm. Ibid.

porte lui-même dans le livre qu'il a intitulé : *de gestis cum Emerito*.

VICTOR. Gennade le fait[1] contemporain du roi Genséric et ajoute qu'il lui présenta le livre composé par lui contre les Ariens. Il le dit aussi auteur d'autres ouvrages, à savoir : le livre *de la Pénitence du Publicain*; le livre de la *consolation à Basile sur la mort de son fils ;* et enfin *d'un grand nombre d'homélies* qui, *réunies en volume, sont,* ajoute-t-il, *conservées, à ma connaissance, par les Frères qui s'occupent de leur propre salut.* Victor florissait, je crois, après l'année 450, époque où Genséric se montrait plus doux envers les catholiques et avait permis l'élection d'un Évêque de Carthage. On peut croire que le livre de Victor contre les Ariens parvint alors plus facilement dans les mains du roi.

LVCIDVS. Il est le cinquantième parmi les Évêques de la Maurétanie césarienne énumérés dans la notice de 482 et qui, appelés à Carthage avec les autres Évêques, en 484, par ordre du roi Hunéric, pour rendre raison de leur foi, furent ensuite envoyés en exil.

XXIII. — CASTELLVM.

La notice place Castellum dans la Maurétanie césarienne et nous savons que six autres villes épiscopales de la même province portaient aussi le nom de Castellum

---

[1] De vir. ill. 77.

avec un qualificatif qui les distinguait. Les anciens géographes en signalent encore d'autres et enfin les monuments épigraphiques en ont fait connaître que les auteurs ecclésiastiques et profanes n'ont point nommés. Ainsi, il y avait un *Kastellum*, administré par des *magistri*, au temps de Septime Sévère, près de Zurich, entre Tipasa et Césarée [1]. Il y avait, de plus, un *Castellum Tulei*, près Diar Mami et Tala Isli, entre Alger et Tizi-Ouzzou [2]. L'anonyme de Ravenne place Castellum entre Tigisi et Aquæ Calidæ, c'est-à-dire dans la Mitidja actuelle, et il le fixe entre Reperitana et Elephantaria.

Notre Castellum, bien qu'il paraisse sans qualificatif, a pu être l'un de ces nombreux bourgs, car, plus d'une fois, les Évêques souscrivaient sans mentionner le titre entier de leur cité.

Nombre de localités algériennes portent aujourd'hui le nom de Kala ou Koléa qui répond à celui de Castellum.

SEVERIN. Il était de la secte des Donatistes et il assista, dans leurs rangs, à la conférence de Carthage, en 411. Il y répondit à l'appel [3] : *J'ai donné mandat et j'ai souscrit.*

Il avait, d'ailleurs, déjà fait connaître qu'il était de la Maurétanie, car Auxilius de Dracones déclarant qu'il avait l'unité chez lui et que cela était connu de tous ceux de la Maurétanie césarienne et en particulier de Séverin qui était présent, ce dernier avait rendu témoignage qu'il n'y avait jamais eu de donatistes parmi les habitants de Dracones [4].

---

[1] Corpus. 9317.
[2] Ibid. 9005 et 9006.
[3] Cog. 1. 180.
[4] Cog. 1. 135.

De là, nous voyons que Castellum ne devait pas être éloignée de Dracones et nous savons que celle-ci se trouvait entre Albulas et Regias.

VOCONTIUS. Gennade parle, en ces termes, de cet évêque[1] : *Vocontius, évêque de Castellum, ville de Maurétanie, a écrit contre les ennemis de l'Église, les Juifs, les Ariens et les autres hérétiques. Il a composé aussi un traité remarquable des sacrements.* Cave a noté[2] que cet auteur florissait vers l'an 460, ce qui est tout à fait vraisemblable. Car, outre que Gennade termine son livre vers l'an 494, Vocontius paraît avoir pris occasion de réfuter les Ariens de ce que Genséric avait introduit en Afrique le fléau de l'arianisme.

PIERRE. Il est le soixante-quinzième sur la liste des Évêques de la Maurétanie césarienne que le roi Hunéric convoqua en 484, en assemblée générale et qu'il condamna ensuite tous à l'éxil avec leurs autres collègues d'Afrique. Nous apprenons aussi, par la note *probatus*, ajoutée au nom de Pierre, qu'il mourut en exil pour la foi catholique.

XXIV. — CASTELLVM IABAR.

On sait, par la notice, que Castellum Jabar se trouvait dans la Maurétanie césarienne. Nous avons parlé à l'article Bapara de la ville de Vabar que Ptolémée nomme

---

[1] De vir. ill. 78.
[2] De script. eccl. ad an. 460.

entre Saldas et Rusazus. Vabar devait se trouver au port des Beni Ksila, sur l'oued Mzala.

MATTASIVS. Il est le soixante-cinquième sur la liste des Évêques de la Maurétanie césarienne que le roi Hunéric appela à Carthage en 484 et qu'il exila ensuite avec les autres Évêques qu'il y avait aussi convoqués.

XXV. — CASTELLVM MEDIANA.

La notice place Castellum Mediana dans la Maurétanie césarienne. Ammien Marcellin cite [1] un *Munimentum Medianum* dans la région du *Castellum Audiense* et bien certainement dans la région d'Aumale et de la Medjana.

VALENTIN. Nous lisons son nom le quatre-vingt-sixième parmi les Évêques de la Maurétanie césarienne qui, conformément à l'édit du roi Hunéric, se rendirent à Carthage, en 484, pour une assemblée générale, puis subirent tous la peine de l'exil.

[1] 29. 5.

XXVI. — CASTELLVM MINVS.

La notice nous apprend qu'il y avait, entre autres, dans la Maurétanie césarienne, un Castellum Minus, dont le nom correspond au terme *Coléa* qui désigne encore actuellement une petite cité peu éloignée d'Alger.

NICETIVS. Il est le trente et unième parmi les Évêques de la Maurétanie césarienne qui se rendirent à Carthage pour l'assemblée générale convoquée par le roi Hunéric et furent ensuite envoyés en exil avec tous leurs collègues d'Afrique. La notice de 482 a conservé leurs noms.

XXVII. — CASTELLVM RIPAE.

La notice de 482 nous fait aussi connaître ce nom. Il indique que ce *Castellum* était bâti près d'une limite déterminée par une rivière, ou de toute autre manière. Nous connaissons, en effet, plus d'un *comes ripœ* par les inscriptions antiques ; il y avait une province qu'on appelait *Norico-Ripensis*. Toute la région maritime du Maroc qui confine à la Méditerranée porte encore le nom de Rif.

Ptolémée, du reste, annonce la ville de *Ripa* dans la Maurétanie césarienne et il la nomme entre Arena et Victoria. L'anonyme de Ravenne cite la ville de Ripas Nigras qu'il place entre Dracones et Altava et d'autre part il signale la rivière Nigrensis entre l'Isaris et le Ligar puis la Malva, ce qui correspond à la région de Dracones et d'Altava.

CEREALIS. Il est le cent dix-neuvième des Évêques de la Maurétanie césarienne, cités par la notice avec tous les autres qui furent appelés à Carthage en 484 par le roi Hunéric, puis furent condamnés à l'exil à cause de leur profession de foi catholique. Holstein a pensé que Céréalis est celui qui, selon Gennade, ou mieux, selon le continuateur qui a ajouté sept chapitres à l'ouvrage de Gennade[1], a écrit contre Maximien, Évêque des Ariens. Son livre a triomphé des siècles et a été publié dans la bibliothèque des Pères[2]. Il y est dit Africain d'origine et Évêque de Castellum, d'autres lisent de Castula.

XXVIII. — CASTELLVM TATROPORTVS.

La notice indique que le Castellum Tatroportus appartient à la Maurétanie césarienne. Mais ce nom paraît inconnu des anciens, à moins qu'on ne veuille le voir dans l'une des localités dont il est fait mention dans l'Itinéraire d'Antonin. Celui-ci place, en effet, dans la Maurétanie, Portus Cæcilii, Portus Sigensis, Portus Divinus et Portus Magnus.

Il est fort probable que Tatroportus n'est qu'une mau-

---

[1] De vir. ill. 96.
[2] Tom. VIII. p. 671.

vaise leçon pour Magno portus, d'autant plus que les lettres altérées peuvent être facilement lues de plusieurs manières dans les manuscrits. Or, il n'existe de la notice qu'un seul manuscrit, celui de Laon. Il est plus difficile d'expliquer l'interversion des termes Tatro portus pour Portus Magnus. On disait cependant aquæ novæ et novæ aquæ indifféremment.

Les ruines de Portus Magnus se voient, chez les Bottioua, au Viel Arzew, à l'est de Saint-Leu. Elles sont étendues et quoique informes elles ont fourni des monuments intéressants. Elle était reliée à Quiza par une voie dont on a retrouvé les bornes milliaires[1] :

```
       IMP. CAES. M.
     IVLIO. PHILIPPO.
      INVICTO. PIO. FE
      LICI AVG. PONTI
     F. MAX. TRIB. PO
    TEST. P. P. A POR
       TV MAG. M. P.
             III
```

La borne qui marquait le second mille porte en toutes lettres *a portu magno*[2]. Deux autres voies conduisaient à Tasaccora et à Albulas et une quatrième suivait la côte occidentale. Tous les anciens auteurs ont mentionné Portus Magnus et Pline dit que c'était une ville de citoyens romains. Elle avait ses duumvirs, ses édiles et ses flamines[3], des thermes et d'autres monuments importants. Plusieurs épitaphes chrétiennes y ont été découvertes.

Ptolémée nomme, après Portus Magnus, entre Quiza et

---

[1] Eph. v. 1158.
[2] Eph. v. 1157. 1159.
[3] Corpus. 9773.

Arsinnari, une autre ville nommée *Theon limen* ou *Deorum Portus*, que l'on croit avoir retrouvée à Aïn Tetingel. Il y avait là une ville intérieure avec un établissement maritime, un port assez vaste, à l'embouchure de l'oued Tetingel et une forteresse qui commandait le port.

REPARAT. La notice le cite le quatre-vingt-quatorzième parmi les Évêques de la Maurétanie césarienne qui, en 484, se réunirent à Carthage avec leurs collègues des autres provinces pour rendre compte au roi Hunéric de leur foi et que celui-ci condamna tous à l'exil après avoir donné leurs églises aux Ariens.

XXIX. — CASTELLVM TINGIS.

L'Itinéraire d'Antonin place le Castellum Tingi entre le municipe de Tigavas et la ville de Vagal. C'est aux ruines d'El Asnam, la moderne Orléansville, qu'il a été retrouvé et nous savons aujourd'hui que cette ville, inconnue des auteurs ecclésiastiques, a eu des Évêques. Ammien Marcellin dit[1] que le comte Théodose passa à Tingi Castellum au cours de son expédition contre Firmus. L'anonyme de Ravenne le nomme la cité de Tingis. Il y avait là, en effet, une cité importante qui a fourni beaucoup de monuments chrétiens. Les restes de sa basilique sont particulièrement remarquables. Elle était à trois nefs, avait

[1] 29. 5. 25.

son pavement en mosaïque et contenait le tombeau du saint évêque Réparat. L'édifice à peu près rectangulaire mesure vingt-six mètres de longueur et près de seize mètres de largeur. La nef principale, parfaitement orientée, se termine en abside; le chœur est exhaussé au-dessus du niveau du sol de la basilique. Au centre de l'hémicycle se voient les restes d'un caveau en maçonnerie, dans lequel il y avait deux sarcophages vides. Il y avait, à l'occident, une contre-abside contenant le tombeau de l'évêque Réparat. La même disposition a été observée dans la basilique du saint évêque Alexandre à Tipasa de Maurétanie. La contre-abside était fermée par un chancel appuyé sur deux colonnes. La basilique avait une toiture en charpente; deux portes latérales donnaient entrée dans l'édifice. Les mosaïques du pavement sont fort belles. Elles existaient également sous le sol de la contre-abside où devait se trouver primitivement un baptistère. C'est dans la partie occidentale de la grande nef que se voit la mosaïque la plus intéressante. Elle offre une inscription avec la date de la fondation de la basilique [1].

<pre>
            PRO
CCLXXX. ET. V. XII. KAL
   DEC. EIVS. BASILICAE
   FVNDAMENTA POSITA
  SVNT. ET FAstigiuM A
   PROV. CCLXXX......IN
 MENTE. HABEAS marinuM
    SERVVM DEI et IN
         DEO VIVAS
</pre>

L'an 285 de l'ère Maurétanienne correspond à l'an 324 de l'ère chrétienne et c'est la basilique la plus ancienne-

---

[1] Corpus. 9708.

ment datée qui existe. Son fondateur doit être Marinus dont le nom et le titre se lisent dans une autre inscription en mosaïque. Il y est appelé *Marinus Sacerdos*[1], qu'on pourrait traduire par l'évêque Marin. Deux autres mosaïques offrent ces mots : *Sancta ecclesia*[2] *: semper pax*[3].

On vénérait dans la même basilique des reliques des saints apôtres Pierre et Paul. *Memoria apostolorum Petri et Pauli*, dit un fragment de texte[4], et les fidèles de Tingis aimaient à avoir la sépulture auprès de ces reliques, *apud sanctos apostolos Petrum et Paulum*[5]. Il y avait également des reliques d'un saint martyr dont le texte incomplet ne peut plus donner le nom, *memoria sancti martyris*[6]. Les saintes martyres *Getula* et *Secundilla* sont également mentionnées[7]. Plusieurs fragments portent les formules *martyrium dixit, martyrium passus est* ou *passa est*.

Sur la face d'une table de pierre trouvée à Tingis on a lu ces mots[8] :

ARAM DEO
SANCTO AETERNO

C'est aussi dans cette ville qu'a été découvert le célèbre lustre à dix lampes de la collection Basilewski qu'a publié M. Rohault de Fleury.

---

[1] Corpus. 9708.
[2] Ibid.
[3] Ibid.
[4] Corpus. 9714.
[5] Ibid. 9715 et 9716.
[6] Ibid. 9717.
[7] Ibid.
[8] Ibid. 9704.

Un grand hypogée des environs de Tingis a fourni plusieurs épitaphes chrétiennes intéressantes [1].

PRECESSIT NOS IN PACE
BONE MEMORIAE FAVSTINA
DIE IIII NONAS DECEMBRES   2 déc. 464.
PROV. AN. CCCCXX ET QVINTA

Une autre épitaphe du même hypogée dit que le défunt mourut *die IIII nonas novembres et sepultus est die nonas novembres anno provinciae CCCCXX et nona* [2].

REPARAT. Cet Évêque n'a été connu que par son épitaphe où nous lisons qu'il fut élevé sur le siège de Castellum Tingis en 465 et mourut en 475. Les termes de l'épitaphe tracée en mosaïque sur le tombeau et la place que celui-ci occupait dans la basilique, permettent de supposer que Réparat fut honoré comme un saint confesseur. Voici d'ailleurs ce monument épigraphique [3] :

HIC REQVIES
CIT SANCTAE MEMO
RIAE PATER NOSTER
REPARATVS E. P. S. QVI FE
CIT IN SACERDOTIVM AN
NOS VIIII MENXI ET PRE
CESSIT NOS IN PACE
DIE VNDECIMV. KAL
AVG PROVNC CCCCXXX
ET SEXTA

L'expression *fecit in sacerdotium* permet aussi de supposer que le prêtre Marin, *Marinus Sacerdos*, le fon-

---

[1] Corpus. 9713.
[2] Ibid.
[3] Ibid. 9709.

dateur de la basilique, fut lui-même un Évêque de Tingis.

Nous ferons encore une remarque, c'est que beaucoup de villes africaines, aussi importantes que le Castellum Tingis et inconnues sur nos listes épiscopales, ont dû avoir à leur tête des Évêques.

XXX. — CASTRA NOVA.

L'Itinéraire d'Antonin, aussi bien que la notice de 482, indique les Castra Nova dans la Maurétanie césarienne. Il les place à dix-huit milles de Tasaccora et à vingt milles de Ballene Præsidium. De son côté, l'anonyme de Ravenne cite les Castra Nova entre Cadaum Castra et Tasaccora. Les positions de Ballene, de Tasaccora et de Cadaum étant connues, comme nous l'avons dit et le dirons plus bas, il en résulte que les Castra Nova se trouvaient près de Perrégaux, à deux kilomètres à l'est de cette ville. Le mur d'enceinte du poste militaire romain y est encore reconnaissable. Dans le cimetière voisin, on a retrouvé des inscriptions chrétiennes [1] :

```
       D M S
     IVLIVS IIDIR
     VIXIT ANNI
     S PLVS MINV
     S ET RECES
     SIT IN PACE
    SV DIE XIII KAL
     MAIIAS CV
     I FRATRES O
     BITVM FECE
        RVNT
```

[1] Bull. des ant. Afric. 1882, p. 139.

L'épitaphe suivante n'est pas moins curieuse[1].

```
        D M S
        IVLIA
       CRESCENSA
     VIXSIT ANNIS PLV
    S MINVS LXV ET RE
     CESSIT IN PACE
    DIE OCTABV KALEN
     DAS FEBRVARIA
       S CVI FILIOS
       ET NEPOTES
      OBITVM FECE
       RVNT IN PA
         CEM P
```

Une borne milliaire, trouvée à huit kilomètres de Perrégaux, au nord du barrage de l'oued Fergoug, porte cette indication[2] :

A K V

C'est-à-dire : à cinq milles de Kastris Novis.

VITAL. Il est le soixante-quatorzième parmi les Évêques de la Maurétanie césarienne que le roi Hunéric convoqua à Carthage, en 484, et qu'il exila tous avec les autres Évêques.

XXXI. — CASTRA DE SEVERE.

Il est certain, d'après la notice de 482, que le Castra Severiana était aussi situé dans la Maurétanie césarienne.

[1] Bull. des ant. Afric. 1882, p. 139.
[2] Bull. d'Oran. T. XII. p. 402.

Malgré la grande distance qui le séparait de Leptis Magna, patrie de l'empereur Sévère, c'est de lui, sans doute, que la ville prit son nom. Car, avant de devenir Empereur, il avait été légat en Afrique [1], et lorsqu'il disputait l'Empire à Niger, il y avait envoyé des légions pour retenir ces provinces dans le devoir [2].

Du reste, une inscription, trouvée à Altava, montre que le Castra de Sévère n'était pas éloigné de cette dernière [3] :

PRO. SAL. ET. IN COL. REG. MASVNAE. GENT.
MAVR. ET. ROMANOR. CAST.RVM. EDIFIC. A. MAS
GIVINI. PREF. DE SAFAR. IIDIR. PROC. CAST
RA. SEVERIAN. QVEM MASVNA ALTAVA POSVIT
ET. MAXIM. PROC. ALT. PERFEC. PP. CCCCLXVIIII

Idir, procurateur de Castra Severiana, fut transféré, en 509, à Altava par le roi indigène Masuna. Il était lui-même d'origine berbère, son nom l'indique assez et de nos jours il est encore en usage parmi les Kabyles.

En outre, nous croyons que Castra Severiana est représentée par les ruines de Sidi Ali ben Joub, situées sur la rive droite de la Mekerra, l'ancienne Tasaccora. On y voit un camp romain formant un rectangle de cent soixante-dix mètres sur dix-huit. L'*Ala I Augusta Parthorum* avait là ses campements. Plusieurs dédicaces trouvées près de là, à la source thermale de Sidi Ali, sont adressées à Sévère [4] :

IMP. CAESAR
L. SEPTIMIO

---

[1] Spart. in Sev. 2.
[2] Ibid. 8.
[3] Corpus. 9835.
[4] Corpus. 9827. Cf. 9826 et 9829.

SEVERO. PIO
PERTINACI
AVG. ARAB. ADIA
PARTH. MAXIM
TRIB. POTEST
VIIII. IMP. XI. COS
III. P.P. P roc
EQ. ALAE.I. AVG
PARTH
ANTONINIAn AE

Nous ne connaissons qu'un Évêque de Castra Severiana.

FAVSTE. On le nomme le soixante-treizième parmi les Évêques de la Maurétanie césarienne que la notice de 482 mentionne avec leurs autres collègues, et qui tous avaient reçu du roi Hunéric l'ordre de se réunir à Carthage en 484. Ils furent ensuite condamnés à l'exil.

XXXII. — CATABVM.

La notice indique Catabum dans la Maurétanie césarienne. C'est le Gadaum Castra que l'Itinéraire d'Antonin place entre Mina et Vagal, à trente-sept kilomètres de Mina et à vingt-sept kilomètres de Vagal. Gadaum semble par conséquent répondre aux ruines de Djidioua, autrement Sainte-Aimée, où l'on exploite le bitume. Mais quelle est la vraie leçon, celle de l'Itinéraire ou de la notice? Nous l'ignorons.

PATERA Il est le quatre-vingt-dix-septième parmi les

Evêques de la Maurétanie césarienne que le roi Hunéric exila, en 484, après les avoir convoqués avec les autres Évêques d'Afrique.

XXXIII. — CATRA.

Catra est placée par la notice de 482 dans la Maurétanie césarienne. Son nom paraît être une altération de Castrum ou Castra. Les villes portant ce nom étaient nombreuses dans la Maurétanie. On y voyait les Rapida Castra, Tanaramusa Castra, Tigava Castra, Gadaum Castra, Castra Puerorum. Cette dernière ville se trouvait sur le littoral entre Gilva et Portus Divinus. Comme nous venons de le voir encore, à l'article de Cadaum ou Catabum, les Évêques en souscrivant, simplifiaient leur titre et pouvaient se dire indifféremment *Episcopus Catabitanus* et *Episcopus Castrensis*.

Du reste, il y eut encore sans doute plus d'une autre localité portant le nom de Castrum ou Castra. Citons-en une que les monuments épigraphiques nous font connaître avoir existé à Kherba près Ammi Moussa [1] :

IN HIS PRAEDIIS M. AVRELI
VSSTEFANVS V.P. CASTRVM SE
NECTVTI VSQVE COMMODVM LABORIBVS
SVIS FILIIS NEPOTIBVSQVE SVIS
ABITVRIS PERFECIT COEPTA NONAS
etc.

---

[1] Corpus. 9725.

CANDIDIEN. Il est le cent sixième parmi les Évêques de la Maurétanie césarienne qui, en 484, s'étant rendus à Carthage pour l'assemblée des Évêques catholiques, furent envoyés avec ceux-ci en exil par ordre du roi Hunéric. Quant à Candidien, la note *probatus*, ajoutée à son nom, montre qu'il fut du nombre des bienheureux confesseurs qui moururent en exil pour la foi.

XXXIV. — CATVLA.

La notice attribue cet évêché à la Maurétanie césarienne. Mais on n'en trouve pas le nom dans les anciens auteurs.

L'Itinéraire d'Antonin cite, il est vrai, une Cartili, entre Cartennas et Cæsarea ; mais, à moins qu'il y ait une erreur de copiste, Cartili et Catula sont deux noms différents. Cependant pareille erreur est vraisemblable.

Au reste, Catula peut venir de Catulus et nous savons que, sous Marc Aurèle, il y eut contre les Maures une expédition conduite par Q. Nonulus Catulus, centurion de la troisième légion. C'est ce que nous apprend une inscription trouvée dans la région d'Aflou [1]. D'autre part, Memmia, nièce de Catulus et femme d'Alexandre Sévère, fut reléguée en Afrique [2].

---

[1] Eph. v. 1043.
[2] Cf. Bull. des ant. afric. 1882, p. 48.

ARATOR. Il est le quarante-huitième sur la liste des Évêques de la Maurétanie césarienne qui, en 484, se réunirent à Carthage et furent, à cause de leur profession de foi catholique, compris dans la condamnation générale des Évêques qu'exila le roi Hunéric.

XXXV. — CISSI.

La ville de Cissi, autrement Cessi, est le municipe de Cissi que l'Itinéraire d'Antonin met sur le littoral à douze milles de Rusucurru et à vingt-deux milles de Rusubbicari.

Ptolémée est plus précis, car il place Cissi entre l'embouchure du Serbète et Addume. C'est le municipe de Cissi de l'anonyme de Ravenne. Ce serait aussi la ville des Beni Abdallah dont Marmol dit qu'elle s'appelait jadis Sisli et la ville des Beni Djeunad dont parle Edrisi. Cissi serait représentée aujourd'hui par les ruines qui avoisinent le Mers el Djennad. Ce port est situé entre l'Isser qui doit être le Serbète de Ptolémée et le Sebaou qui avoisine Rusucurru. Il y a là une petite anse, à l'abri des vents d'Est, qui servait de port à une ville dont les ruines sont éparses sur une vingtaine d'hectares. Sur le plateau de Settara se remarquent les restes d'une forteresse et d'une sorte de basilique.

QVODVVLTDEVS. Cet Évêque était de la secte des Donatistes. Il partit, en 411, pour la conférence de Carthage.

Mais lorsqu'on lut sa souscription, on ajouta qu'il était mort [1]. Alors s'éleva une violente discussion entre les Catholiques et les Donatistes, ces derniers disant qu'il était mort en chemin et les autres voulant savoir comment Quodvultdeus avait signé, s'il était mort en route, puisque c'était à Carthage que les Évêques avaient souscrit le mandat. Après une assez longue altercation, le donatiste Adéodat de Milève répondit ainsi à cette objection [2] : *Il y a huit jours que le mandat est signé. Cet Évêque qui l'a souscrit et sur le nom duquel on discute, s'étant senti malade, s'en retournait chez lui, lorsqu'il a succombé en chemin.* Mais cette réponse parut peu satisfaisante aux Catholiques. Ils voulaient savoir encore dans quel lieu il était mort, ce que les Donatistes ne disaient pas, et ils exigeaient des témoins qui l'eussent vu à Carthage. Les Donatistes ne satisfirent ni à l'une ni à l'autre de ces demandes.

Les Évêques qui intervinrent dans cette discussion sont les donatistes Adéodat de Milève, Pétilien de Cirta, Émérite de Césarée et les Catholiques Alype de Tagaste, Fortunatien de Sicca, et Aurèle de Carthage. Le donatiste Émérite de Césarée émit l'avis qu'on pouvait avoir pris un Évêque pour un autre. Or, avant l'Évêque de Rusubbicari, on avait nommé Quodvultdeus de Nebbi parmi les Donatistes [3].

REPARAT. Il est le cent septième parmi les Évêques de la Maurétanie césarienne qui, en 484, furent convoqués à

---

[1] Cog. I 207.
[2] Ibid.
[3] Ibid. 197.

l'assemblée générale de Carthage, puis condamnés ensemble à l'exil par le roi Hunéric avec tous les autres Évêques que mentionne la notice de 482.

XXXVI. — COLVMNATA.

Columnata, ville de la Maurétanie césarienne, est mentionnée dans la notice de l'Empire d'Occident, lorsqu'il est traité des chefs placés sous le commandement de l'honorable Duc et Préside de la Maurétanie césarienne. Le premier qui y figure est le *Præpositus limitis Columnatensis*. Ces limites ou frontières étaient également placées sous l'autorité du comte d'Afrique [1]. Dans la notice de 482, on trouve Columpnata pour Columnata, véritable forme du nom, telle qu'il apparaît sur une borne milliaire trouvée à vingt-deux kilomètres d'Aïn Teukria, qui représenterait la ville de Columnata [2] :

IMP. CAESAR
L. SEPTIMIVS SEVERVS
PIVS FELIX
AVG. PONTIFEX. MAXI
PP TRIB POTESTATIS
COS PROCOS ET
M. AVR. SEV. ANTONINVS
etc.
A COLVMNATA M P
XV

[1] Pancirol. Ed. Lugd., p. 165.
[2] Eph. VII. 661.

Aïn Teukria se voit sur la route de Teniet à Tiharet. Les ruines de la ville romaine sont assez étendues.

On pourrait aussi bien, du reste, reconnaître Columnata dans la ville actuelle de Tiharet, car la borne milliaire citée ci-dessus et trouvée entre le bordj du Caïd des Beni Lint et Aïn Tessemsil, est à égale distance de Tiharet et de Aïn Teukria.

Edrisi cite une ville appelée Cornata, entre Tiharet et Achir.

MARTIAL. La notice le mentionne le douzième parmi les Évêques de la Maurétanie césarienne qui, s'étant rendus à Carthage en 484 pour la réunion de tous les Évêques convoqués par le roi Hunéric, furent ensuite avec leurs collègues envoyés en exil.

XXXVII. — CORNICVLANA

Nous apprenons, par la notice, que Corniculana était située dans la Maurétanie césarienne. Le Cornicularius auquel apparemment elle devait son nom, était le chef du greffe du gouvernement de la Maurétanie. Nous ignorons où se trouvait cette ville.

SYRVS. Il figure le quatrième dans la liste des Évêques de la Maurétanie césarienne que, en 484, le roi Hunéric convoqua en assemblée générale à Carthage et qu'il envoya ensuite en exil avec les autres Évêques.

Le nom de Syrus rappelle celui du Numerus Syrorum que portait autrefois la ville actuelle de Lalla Maghnia et qui était assez considérable pour avoir un Évêque. Sa Communauté chrétienne était nombreuse, comme on le voit par les inscriptions qui y ont été découvertes.

XXXVIII. — DRACONES.

Dracones, que les listes ecclésiastiques appellent Murcones, autrement Nurcones, est la ville dont parle l'Itinéraire d'Antonin lorsqu'il place la station ad Dracones entre Albulas et Regias, deux villes connues. Dracones, d'après ce document, se trouvait à vingt et un kilomètres de Albulas et à trente-six kilomètres de Regias. Dès lors, elle serait représentée par Hammam Bou Hadjar.

AVXILIVS. Il assista, en 411, à la Conférence de Carthage où, après la lecture de sa souscription, il rendit témoignage de son église en ces termes [1] : *Nous possédons l'unité : Tous ceux de la Césarienne le savent. J'en prends à témoin Sévérin, évêque de Castellum, qui est ici.* C'était un donatiste, qui dit alors : *Il n'y en a jamais eu*, c'est-à-dire de compétiteur. Saint Augustin écrivit la lettre deux cent cinquantième à l'Évêque Auxilius au sujet du comte Classicien et il lui rappelle le temps où tous deux étaient catéchumènes et amis. C'est peut-être l'Évêque de Dracones.

[1] Cog. 1. 135.

MADDAN. La notice le cite le cent deuxième parmi les Évêques de la Maurétanie césarienne qui se rendirent à la réunion de Carthage, en 484, et furent exilés avec leurs autres collègues par ordre du roi Hunéric.

XXXIX. — ELEPHANTARIA.

Elephantaria, autrement Elefantaria, était dans la Maurétanie césarienne et distincte de la ville du même nom située dans la Proconsulaire. C'est ce qu'indique la notice. L'anonyme de Ravenne la cite entre Castellum et Aquæ Calidæ, à moins qu'on ne doive lire Castellum Elephantaria, qui se serait dès lors trouvé entre Tigisis et les Aquæ. De toute façon, c'est probablement dans la plaine de la Mitidja qu'il faut la chercher et peut-être à Blida. Pline dit[1] que l'éléphant se rencontre en Afrique et en Maurétanie. Il se plaisait dans les forêts de cette dernière province et près du fleuve Amilo. Élien rapporte qu'il est en nombre aux pieds de l'Atlas. Au témoignage de Lucien, les éléphants abondaient dans la région de Césarée. Les monnaies maurétaniennes antérieures aux Romains portent le symbole caractéristique de l'éléphant. Nous ne devons donc pas nous étonner de trouver une ville du nom d'Elephantaria dans la Maurétanie.

BASSINVS. On le trouve le quatre-vingt-seizième dans la liste des Évêques de la Maurétanie césarienne qui, convo-

---

[1] Hist. nat. 8. 2.

qués à Carthage, en 484, par édit du roi Hunéric, pour l'assemblée générale des Évêques, furent ensuite tous condamnés à l'exil. La note *probatus* ajoutée à son nom indique que Bassinus mourut loin de son siège pour la confession de la foi catholique.

XL. — FALLABA.

Fallaba est passée sous silence par les anciens géographes, mais la notice nous apprend qu'elle se trouvait dans la Maurétanie césarienne. Fallaba est peut-être une altération de Flavia, car nous savons que Flavia Marci, localité de Numidie, est devenue Falavi Marci. Or, il y avait en Maurétanie, plusieurs ailes et cohortes qui portaient le nom de Flavia. L'inscription des environs d'Aflou, dont nous avons parlé à l'article de Catula, mentionne une ala Flavia et le nom d'Aflou lui-même n'est pas sans affinité avec Flavius.

Une autre inscription de Djelfa, qui a succédé à une ville romaine, semble contenir l'ethnique F(a)llabe(n)sis[1].

SALO. Il figure le vingt-huitième parmi les Évêques de la Maurétanie césarienne qui, en 484, se rendirent à Carthage où le roi Hunéric avait convoqué en assemblée générale les Évêques catholiques pour les envoyer tous en exil. Le nom de Salo se lit dans une épitaphe d'Aïn Mafra qui appartient à la Maurétanie sitifienne.

[1] Corpus. 8804.

XLI. — FIDOLOMA

Fidoloma est une ville tout à fait inconnue, mais il ressort de la notice qu'elle appartenait à la Maurétanie césarienne. On ne doit pas s'étonner de rencontrer si souvent, en Afrique, des noms étranges. L'Afrique fut, en effet, successivement lybienne, punique, romaine, vandale, et enfin sarrasine, et dans de telles révolutions les villes ont été en partie détruites, leurs noms ont été en partie changés ; enfin, l'ignorance des écrivains, la négligence des copistes, s'ajoutant à tout cela, il en est résulté que beaucoup de noms sont parvenus jusqu'à nous si altérés que nous ne les retrouvons plus maintenant avec exactitude.

ONESIME. Il figure le dix-septième parmi les Évêques de la Maurétanie césarienne qui se rendirent à Carthage, en 484, pour s'y réunir aux autres Évêques catholiques d'après l'ordre du roi Hunéric et furent ensuite, avec leurs collègues, envoyés en exil.

XLII. — FLENVCLETA.

Quelle que fût la ville de Flenucleta, la notice nous apprend qu'elle se trouvait dans la Maurétanie césarienne. On n'en trouve ailleurs aucune trace.

FELIX. Dans la notice il est le quatre-vingt-quatrième parmi les Évêques de la Maurétanie césarienne qui, s'étant rendus, en 484, à l'assemblée générale de Carthage, subirent, avec tous les autres Évêques d'Afrique, la peine de l'exil, pour avoir réprouvé l'hérésie arienne. Félix fut du nombre de ceux qui moururent loin de leur siège et ne rentrèrent pas dans leurs églises. L'auteur des annotations de la notice, qui écrivait probablement vers 490, dit, en effet, que Félix fut *probatus*, c'est-à-dire qu'il succomba en exil pour la foi catholique.

XLIII. — FLORIANA.

La notice fait de Floriana une ville de la Maurétanie césarienne et Ptolémée, d'autre part, cite Floruïa entre Oppidium et Aquæ Calidæ. Il y avait, en Maurétanie, comme le prouve une épitaphe de Césarée [1], une *centuria Flori*, appartenant à la cohorte des Sycambres.

RESTITVT. Il figure le trente-deuxième sur la liste des Évêques de la Maurétanie césarienne qui, s'étant rendus avec les autres Évêques à l'assemblée générale de Carthage, en 484, furent tous envoyés en exil.

XLIV. — FLVMENZER.

La notice indique que Flumenzer était une ville de la Maurétanie césarienne. Il y a encore, dans cette province,

[1] Corpus. 9393.

une rivière assez importante, qui porte le nom de Oued Djer.

PAVL. Il figure le trentième parmi les Évêques de la Maurétanie césarienne que le roi Hunéric convoqua en assemblée générale à Carthage, en 484, et qu'il condamna ensuite à l'exil avec tous les autres Évêques.

XLV. — FRONTA.

Que ce fût une ville ou un bourg, nous savons, par la notice, que Fronta faisait partie de la Maurétanie césarienne.

D'après la notice de l'Empire, il y avait, entre les postes de Columnata, de Vida et de Mutici, et sous les ordres du duc de la Maurétanie, un *præpositus limitis Fortensis*. Julius Honorius nomme les *Fluminenses* et les *Feratenses* qui peuvent représenter le peuple de Flumenzer et celui de Fronta. Il existe encore un poste militaire appelé Frenda qui a certainement succédé à un établissement antique.

DONAT. Il figure le cinquante-huitième parmi les Évêques de la Maurétanie césarienne qui se rendirent à l'assemblée générale des Évêques à Carthage, en 484, et furent condamnés à l'exil avec leurs collègues par le roi Hunéric.

XLVI. — GIRV MONS.

Son nom semble indiquer une citadelle construite sur une hauteur. La notice nous apprend qu'elle se trouvait dans la Maurétanie césarienne, mais on n'en trouve nulle trace dans les géographes.

REPARAT. Il figure le neuvième dans la liste des Évêques de la Maurétanie césarienne qui, en l'an 484, se rendirent à Carthage, où le roi Hunéric avait convoqué tous les Évêques d'Afrique, et de là, sur l'ordre du même roi, furent envoyés en exil, à cause de leur profession de foi catholique.

XLVII. — GRATIANOPOLIS.

Gratianopolis appartenait à la Maurétanie césarienne, comme l'indique la notice. Elle paraît avoir reçu son nom de l'empereur Gratien, qui gouverna, en effet, l'Afrique et lui donna des lois. Nous ignorons comment elle se nommait auparavant. Mais ce peut être un poste que cet Empereur prit soin de fortifier contre les incursions des Barbares, si ce n'est le père même de Gratien qui lui a donné son nom. Car Amnien Marcellin dit[1] du père de l'em-

---

[1] 30. 7.

pereur Gratien qu'il commanda, en qualité de comte, les troupes d'Afrique.

Les Turcs appelaient la ville d'Oran du nom de Goaran et il est certain que Oran a succédé à une cité antique.

PVBLICIVS. Il assista, en 411, avec les Évêques catholiques, à la Conférence de Carthage et après qu'on eût lu sa souscription, il dit[1] : *J'ai pour compétiteur Deuterius, seul sans peuple*. Or Deuterius, qui était présent, s'en expliqua ainsi : *Parce que vous avez renversé nos maisons et que vous m'avez persécuté*. C'est ainsi, en effet, que les Donatistes avaient coutume de qualifier le zèle qui cherchait à ramener à la vérité catholique ceux qui avaient été égarés par l'hérésie. Mais, du reste, nous ne voyons pas paraître ensuite Deuterius parmi les Donatistes.

TALASIVS. La notice le nomme le quatre-vingt-unième parmi les Évêques de la Maurétanie césarienne qui se rendirent à la réunion convoquée à Carthage en 484 par le roi Hunéric et furent de là envoyés en exil à cause de leur profession de foi catholique.

XLVIII. — GVNVGVS.

Gunugus était, comme Pline nous l'apprend[2], une colonie d'Auguste, formée par la cohorte prétorienne. Elle était éloignée de douze milles de Césarée et à la même

---

[1] Cog. 1. 135.
[2] Hist. n. 5. 3.

distance de Cartili, d'après l'Itinéraire d'Antonin. Ptolémée la nomme Canuccis et la place entre Césarée et les Castra Germanorum. Il faut la chercher près du village de Gouraya, à Sidi Brahim. Les ruines couvrent un plateau de deux hectares, lequel forme un promontoire et abrite deux petites anses. Là était l'oppidum, la partie la mieux fortifiée, celle qui subsistait encore au moyen âge, que l'on appelait Beresk et qui servit de retraite aux pirates jusqu'à ce que les Espagnols eurent détruit la forteresse qui s'y élevait. La ville proprement dite s'étendait au pied de l'oppidum, dans la petite plaine qui va depuis la mer jusqu'aux montagnes.

Une dédicace, de l'époque Constantinienne, contenait certainement le nom de la ville [1] :

```
IMPERATORI cæsari fl. val. Constantino invicto
   PIO FELICI AUG usto pontifici maximo germanico
 MAXIMO SARM atico maximo gotico maximo tribuni
CIAE POTESTA tis - imp. - cos. procos. et Constantino et
CONSTANTIO et Constanti nobiliss. Cæss. fecit arcum
     ORDO SP lendidissim. et populus Gunugitanorum
INSTANTE AC dedic.           iano v. p. p. p. m. c.
```

Une épitaphe de Césarée porte l'ethnique tout entier [2] :

```
               D M
    CAECILIAE. IVLIANAE. MAXIMI
    FILIAE. GVNVGITANAE. VIXIT. ANNIS
     XV. MENSIBVS. IIII. H. S. E. S. T. T. L
Q. MEMMIVS, EXORATVS. VXORI. OPTIMAE. FECIT
```

Une autre épitaphe d'Auzia mentionne un décurion de Gunugus en ces termes [3] :

[1] Eph. v. 1038.
[2] Corpus. 9423.
[3] Ibid. 9071.

D. M. S.
FAB. IANV.
DEC. GVN.
CVP. FECIT.
ET. DECA.
VIX. AN. LII.

Léon l'Africain, en décrivant la ville de Beresk, dit que les habitants de la grande et de la petite Kabylie actuelle portent une croix noire sur la joue et deux autres sur la paume des mains depuis que les Goths ou Vandales avaient fait la conquête du pays. La dite croix servait à discerner ceux des habitants qui étaient chrétiens de ceux qui ne l'étaient pas.

On voyait encore alors des édifices Romains à Beresk. C'est dans les ruines d'un monument byzantin que le texte suivant a été plus récemment découvert[1] :

Caio Fulcinio Fabio Maximo Optato, clarissimo viro, quæstori, tribuno plebis, prætori, legato provinciæ Bæticæ, patrono incomparabili, respublica Gunugitanorum.

AVXILIVS. La notice le nomme le cent onzième parmi les Évêques de la Maurétanie césarienne qui se rendirent à Carthage en 484 pour l'assemblée des Évêques convoquée par le roi Hunéric et furent condamnés à l'exil, ainsi que leurs collègues, à cause de leur profession de foi catholique.

L'annotation *probatus* jointe à son nom indique qu'Auxilius mourut pour la foi loin de son siège.

[1] Acad. des Inscr. 10 fév. 1893.

XLIX. — GYPSARIA.

Gypsaria est, d'après Ptolémée, un port de la Maurétanie césarienne, au-delà de Siga. Elle est, sans doute, représentée par les ruines situées au nord de la petite baie de Honeïn. C'est le seul point de la côte où l'on voit des dépôts de gypse, circonstance qui a dû donner son nom à la localité.

Il y avait aussi, selon la Table, une Gypsaria Taberna entre Sabrata et Gighti dans la Tripolitaine.

GERMAIN. Il se rendit à Carthage, en l'an 411, pour assister, avec les Évêques catholiques, à la Conférence. Lorsque, à l'appel, il eût répondu qu'il était présent [1], le donatiste Fidentinus se présenta du côté opposé et dit : *Je le connais*. Mais on ne le voit point paraître ensuite parmi les Donatistes.

L. — ICOSIVM.

La ville d'Icosium, que Vespasien gratifia du droit latin, était dans la Maurétanie césarienne. Solin en a exposé ainsi l'origine fabuleuse [2] : *Lorsque*, dit-il, *Hercule passait par là, vingt de ses compagnons se séparèrent de lui, se fixèrent en ce lieu et le fortifièrent. Et, afin*

---

[1] Corpus. 1. 128.
[2] Polyhist. 25.

qu'aucun d'entre eux ne pût se vanter d'avoir donné seul son nom à leur ville, ils lui donnèrent celui du nombre de ses fondateurs. Mais vingt se dit en grec εἴκοσι, d'où est venu *Icosium.*

L'Itinéraire d'Antonin la place à trente-deux milles de Casæ Calventi et à quinze milles de Rusguniæ ; il lui donne le titre de colonie. Ptolémée, de son côté, met Icosium entre Via et la rivière Savus. Mela cite, après le monument dit de la chrétienne, les villes d'Icosium et de Rusgunia et il place entre elles les rivières du Savus et du Nabor, c'est-à-dire l'Harrach et le Hamis.

A son tour, l'anonyme de Ravenne nomme Icosium entre Rusguniæ et Tipasa.

Icosium est devenue la métropole du nord de l'Afrique, la moderne Alger. Outre l'autorité des géographes qui le montre, nous avons aussi celle d'un monument trouvé à Alger même [1] :

P. SITTIO. M. F. QVIR.
PLOCAMIAN.
ORDO
ICOSITANOR.
M. SITTIVS. P. F. QVIR.
CAECILIANVS
PRO . FILIO
PIENTISSIMO
H. R. I. R.

Un certain nombre de monuments chrétiens ont été recueillis à Alger depuis la conquête faite par la France en 1830. Les uns sont anciens et proviennent d'Icosium et de Rusguniæ ; les autres sont plus récents et remontent au

---

[1] Corpus. 9259.

temps de la piraterie barbaresque. Beaucoup de chrétiens de tout pays ont subi à Alger les horreurs de l'esclavage et plusieurs y ont souffert un glorieux martyre, comme le bienheureux Sérapion, le Père Le Vacher, le Vénérable Géronimo, etc.

Les prêtres de la Mission établis à Alger par saint Vincent de Paul, grâce à la duchesse d'Aiguillon, y avaient une paroisse pour les malheureux captifs et pour la maison consulaire de France en même temps que pour les négociants étrangers ; les religieux espagnols de la Rédemption y avaient un hôpital et une chapelle. Le consul de France avait sa chapelle et chacun des bagnes possédait aussi la sienne.

CRESCENT. Il était de la secte des Donatistes parmi lesquels il assista, en 411, à la Conférence de Carthage. A l'appel de son nom, il dit[1] : *J'ai donné mandat et j'ai souscrit.*

LAVRENT. Il assista à Carthage, en 419, comme délégué de sa province, au concile convoqué par Aurèle et y souscrivit conformément à l'usage[2]. Saint Augustin, dans sa lettre au pape saint Célestin, qui est la deux cent neuvième, indique assez clairement que Laurent fut privé de l'usage de la mître et de la crosse ; car, après avoir rappelé la peine à laquelle d'autres avaient été condamnés, il ajouta : *Un troisième Évêque de cette province* (la Césarienne), *Laurent, pouvait s'écrier dans les mêmes termes : Où je dois siéger sur cette chaire pour la-*

---

[1] Cog. 1. 197.
[2] Hard. 1. 1250.

quelle j'ai été ordonné, ou je ne dois plus être Évêque.

VICTOR. Il figure le cinquante-neuvième dans la liste des Évêques de la Maurétanie césarienne qui se rendirent à la réunion de Carthage en 484 par ordre du roi Hunéric et furent ensuite, à cause de leur profession de foi catholique, envoyés en exil avec tous leurs collègues d'Afrique.

Après un long veuvage et lorsque Alger fut redevenue chrétienne et française, elle eut de nouveaux Évêques, savoir : Charles Eugène, nommé au siège d'Icosium en 1833 et peu après transféré sur le siège épiscopal de Marseille. Avant lui, des vicaires apostoliques sans caractère épiscopal avaient administré la chrétienté d'Alger. Nous connaissons plusieurs de ces vicaires apostoliques.

Levacher, 1675-1683 ;
Ives Lorance, 1694-1706 ;
Lambert Duchesne, 1706-1735 ;
Charles Poirier du Bourg, 1742-1745 ;
Bossu, 1747-1757 ;
Théodore Groizelle, 1758-1762 ;
La Pie de Sévigny, 1763-1764 ;
Pierre-François Viguier, 1776 ;
Jean Alasia, 1793.

Mais celui qui vint, en réalité, réoccuper le premier le siège épiscopal d'Alger fut

ANTOINE Adolphe *Dupuch*, nommé en 1838 évêque d'Alger et de Julia Césarée, suffragant d'Aix en Provence.

LOUIS Antoine *Pavy*, nommé en 1846.

En 1866, Alger devint un siège archiépiscopal, ayant

pour suffragants les Évêchés de Constantine et d'Oran. Le premier titulaire fut

CHARLES Martial Allemand *Lavigerie,* cardinal de la sainte Église romaine du titre de Sainte-Agnès hors les murs.

PROSPER Auguste Dusserre, d'abord coadjuteur, le 27 février 1880, avec le titre d'Archevêque de Damas, puis successeur du cardinal Lavigerie, 1892.

LI. — IDA. I.

La notice semble reconnaître deux Ida et toutes deux dans la Maurétanie césarienne. Ammien Marcellin mentionne [1] un municipium Addense, qu'il paraît distinguer du Castellum Audiense qui doit être l'antique Auzia. Entre Adda et Ida il n'y a pas de différence considérable. Ce municipe se trouvait certainement dans la région d'Auzia. Ida, d'autre part, est un nom berbère, qu'on trouve encore appliqué à plusieurs localités de la Maurétanie tingitane.

Mais s'il était permis de lire Subitanus ou Felicianus Sidensis, au lieu de Idensis, nous devrions reconnaître l'une des deux Ida dans le Sida municipium que la table de Peutinger place entre Rusazus et Tigisis. Nous en avons parlé à l'article de Bida.

[1] 29. 5.

SVBITANVS. Il figure le quatorzième parmi les Évêques de la Maurétanie césarienne qui se rendirent, en 484, à la réunion de Carthage, avec tous les autres Évêques d'Afrique. Convoqués par le roi Hunéric, ils furent ensuite condamnés à l'exil. La note *probatus* ajoutée à son nom indique que Subitanus mourut pour la foi loin de son siège.

LII. — IDA. II.

Nous n'ajouterons rien, sur la seconde Ida, à ce que nous avons dit à l'article précédent.

FELICIEN. Il est le seizième parmi les Évêques de la Maurétanie césarienne qui prirent part à la réunion de Carthage en 484 et furent ensuite exilés par le roi Hunéric avec tous les autres Évêques d'Afrique.

LIII. — IOMNIVM.

L'Itinéraire d'Antonin place le municipe de Iomnium entre Rusucurru et Rusazus, à dix-huit milles de Rusucurru et à trente-huit milles de Rusazus. La table de Peutinger la met à quarante-deux milles de Rusipisir et à vingt-huit milles de Rusucurru.

Ptolémée la met, comme la Table, entre Rusucurru et Rusupisir, tandis que l'anonyme de Ravenne la cite entre Rusucurru et Rusazus.

Malgré ces indications, on n'est pas encore complètement fixé sur la position d'Iomnium. Car, si Dellys représente Rusucurru, il faut reconnaître Iomnium dans Tigzirt et ses grandes ruines. Si, au contraire, celle-ci représente Rusucurru, il faut chercher Iomnium plus à l'est.

Les ruines de Tigzirt sont situées sur le versant occidental du cap Tedellès, à vingt kilomètres de Dellys. A cinq kilomètres plus loin, au bas du versant oriental du même cap, est le port d'El Khaled qui servait au commerce d'une ville voisine nommée aujourd'hui Taksebt et qui était importante. Elle formait l'acropole de Tigzirt.

On remarque à Tigzirt une basilique et l'on en reconnaît plusieurs à Taksebt, avec les restes de divers monuments.

HONORAT. Il était de la secte des Donatistes avec lesquels il assista, en 411, à la Conférence de Carthage. A l'appel de son nom il dit[1] : *J'ai donné mandat et j'ai souscrit.* Il ne fit aucune mention d'un Évêque catholique.

LIV. — ITA.

D'après la notice de 482, Ita était distincte de l'une et l'autre Ida et appartenait comme celles-ci à la Maurétanie césarienne. Ita cependant est inconnue des anciens auteurs.

---

[1] Cog. 1. 208.

Au cas où ce nom serait altéré, comme il est arrivé pour d'autres villes d'Afrique, nous proposerions de lire Lucius Sicensis au lieu de Lucius Itensis. Cette variante n'étonnera point ceux qui se sont appliqués à la lecture des manuscrits.

Or, Siga est connue et ses ruines portent aujourd'hui le nom de Takembrit ; elles sont situées sur la rive gauche de la Tafna qui est le fleuve Siga de Ptolémée. Tous les anciens auteurs font mention de Siga et son nom a été lu sur une borne milliaire [1] :

RESPS PP
A SIGA M
I

Les ruines se trouvent à cinq kilomètres en amont de l'embouchure de la Tafna, sur un monticule qui domine la plaine. Colonie phénicienne, célébrée par Scylax et Strabon, résidence royale de Syphax, roi numide dont on y retrouve les monnaies, colonie au temps de Ptolémée, municipe pour l'Itinéraire et pour l'anonyme de Ravenne, elle est pour Pline *une ville de la Maurétanie césarienne, autrefois une des villes royales des princes numides.* Siga comprenait une ville intérieure, Takembrit, et une ville maritime, Portus Sigensis, plus tard Archgoul et aujourd'hui Rachgoun, vis-à-vis l'île du même nom, à l'embouchure de la Tafna.

LVCIVS. Il figure le cinquième dans la liste des Évêques de la Maurétanie césarienne qui, appelés par l'édit du rôi Hunéric, en 484, se rendirent dans la métropole de l'A-

---

[1] Eph. VII. 678.

frique pour assister à la réunion de tous les Évêques et ensuite furent envoyés en exil avec leurs autres collègues.

LV. — IVNCA.

La notice de 482 annonce une Junca dans la Maurétanie césarienne, distincte de celle de la Byzacène. Cependant les géographes n'en parlent point, à moins peut-être que, chez eux, elle ne se dissimule aussi sous un nom différent.

GLORINVS. Il est le premier sur la liste des Évêques de la Maurétanie césarienne qui se rendirent à Carthage, en 484, pour la réunion convoquée par le roi Hunéric et furent ensuite condamnés à l'exil avec les autres Évêques mentionnés par la notice à cause de leur attachement à la vérité catholique.

LVI. — LAR.

L'Itinéraire d'Antonin place Lar Castellum sur le littoral de la Maurétanie césarienne entre Cartennas et Cartili, à quatorze milles de Cartennas et à quinze milles de Cartili. L'anonyme de Ravenne le cite entre Cartennas et Gunugus. Il faut probablement chercher cette ville aux ruines de l'oued Damous, où l'on voit le bordj du même nom. Les indigènes des environs portent le nom collectif de Larat.

RESTITVT. Il était de la secte des Donatistes et il assista parmi eux, en 411, à la Conférence de Carthage où, à l'appel de son nom, il dit[1] : *J'ai donné mandat et j'ai souscrit.* Il ne fut fait aucune mention d'un Évêque catholique qu'il aurait eu contre lui dans son église.

LVII. — MAIVCA.

Majuca est attribuée par la notice de 482 à la Maurétanie césarienne, mais à cette date son siège épiscopal n'avait point de titulaire.

Ammien Marcellin nous apprend[2] que Théodose ayant battu les Mazices vint au fundus Mazucanus et se rendit ensuite à Tipasa. Ce serait donc dans la région de Tipasa et de Césarée qu'il faudrait chercher Mazuca qui doit être la même localité que Majuca.

[1] Cog. 1. 208.
[2] 29. 5.

LVIII. — MALIANA.

Le nom de cette ville fut, à l'origine, Manliana, comme le rapporte Ptolémée, puis Malliana, comme dans l'Itinéraire d'Antonin, ensuite Maliana et Miliana, qui est restée jusqu'aujourd'hui l'appellation populaire. Elle était dans la Maurétanie césarienne et saint Augustin en fait mention dans une lettre adressée à Deuterius, métropolitain de Césarée [1]. Il lui fait connaître un certain Victorin, sous-diacre de Malliana, imbu des erreurs des Manichéens, et il l'exhorte *à ne l'admettre à la pénitence que s'il dénonce aux Évêques ceux qu'il sait être Manichéens non seulement à Malliana, mais encore dans toute la province.*

La ville qui devait son nom à un personnage appelé Manlius est suspendue aux flancs du mont Zakkar. On y a retrouvé une dédicace au dieu Abaddir [2] dont saint Augustin parle dans sa lettre à Maxime de Madaure [3].

VICTOR. Il assista, en 411, à la Conférence de Carthage où, après la lecture de sa souscription, il répondit lui-même [4] : *J'ai pour compétiteur Nestorius,* désignant ainsi l'Évêque donatiste. Celui-ci dit : *Je le connais.* Puis, à l'appel, parmi ceux de sa secte, il ajouta [5] : *J'ai donné mandat et j'ai souscrit.*

---

[1] Ep. 236.
[2] Eph. vii. 520.
[3] Ep. 16.
[4] Cog. 1. 135.
[5] Ibid. 208.

PATERA. La notice le cite le huitième sur la liste des Évêques de la Maurétanie césarienne qui assistèrent à la réunion de Carthage, en 484, et furent exilés avec tous leurs collègues par le roi Hunéric.

LIX. — MAMMILLA.

Nous apprenons, par la notice, que Mammilla était une ville de la Maurétanie césarienne. Mais aucun écrivain ne nous fait connaître quelle était sa situation.

VICTOR. Il assista, en 411, à la Conférence de Carthage, mais un peu tard ; car, lorsqu'on fit la lecture de sa souscription, elle était ainsi formulée [1] : *Moi, Restitut, évêque, à la demande de Victor, évêque de Mammilla, en présence du clarissime tribun et notaire Marcellin, j'ai signé, attestant qu'il m'a donné mandat pour l'exposé ci-dessus.* Puis il ajouta : *J'ai pour adversaire Sérénien*, lequel se présenta et dit : *Je le connais*. Et lui-même répondit à son appel parmi les Donatistes [2] : *J'ai donné mandat et j'ai souscrit.*

Il s'agit peut-être de Restitut de Muzuca dans la Proconsulaire et il faudrait lire Mazuca pour Majuca.

PASCHASE. Il figure le soixante-dix-huitième sur la liste

[1] Cog. 1. 135.
[2] Ibid. n. 208.

des Évêques de la Maurétanie césarienne qui, s'étant rendus à Carthage pour la réunion de 484, furent envoyés en exil avec leurs collègues par le roi Hunéric.

LX. — MANACCENSER.

Manaccenser était dans la Maurétanie césarienne et il se peut que cette ville ait laissé son nom à la tribu actuelle des Manasser, qui habite la région de Césarée.

VICTOR. La notice le nomme le quatre-vingt-deuxième parmi les Évêques de la Maurétanie césarienne que le roi Hunéric, après l'assemblée de Carthage, en 484, condamna à l'exil avec tous leurs collègues. L'annotation *probatus* ajoutée à son nom fait connaître que Victor mourut pour la foi loin de son siège.

LXI. — MASVCCABA.

Nous savons, par la notice de 482, que Masuccaba était une ville de la Maurétanie césarienne. C'est tout ce que nous en pouvons dire.

PASSINATVS. La notice le porte le quarante-deuxième sur la liste des Évêques de la Maurétanie césarienne qui se rendirent à la réunion de Carthage en 484 et furent ensuite exilés par le roi Hunéric avec les autres Évêques convoqués par lui de toutes les parties de l'Afrique. La note *probatus* ajoutée à son nom indique que Passinatus mourut pour la foi catholique loin de son siège.

LXII. — MATVRBA.

Maturba est une ville inconnue. La notice nous indique seulement qu'elle se trouvait dans la Maurétanie césarienne. C'est dans la même province, à Tagremaret, que se trouvait jadis la ville de Caput Urbs, comme le montre le milliaire suivant [1] :

```
    IMP CAES CIVLIO
    VERO MAXIMI
    NO PIO FELICI
    AVG PONTIFICI
    MAXIMO TRIBV
    NICIAE POTESTA
    TIS P P PROCOS
    A KAPVT VRBE
    M P VII
```

Toutefois, la différence est grande entre Maturba et Kaput Urbe.

LVCIVS. Il figure le quatre-vingt-dixième parmi les Évêques de la Maurétanie césarienne qui se réunirent à

---

[1] Eph. VII. 672.

Carthage, en 484, et furent envoyés en exil par le roi Hunéric avec leurs autres collègues. La note *probatus* ajoutée à son nom nous apprend que Lucius mourut en exil pour la foi.

LXIII. — MAVRA.

Il est fait mention de cette ville dans la liste des Évêques de la Maurétanie césarienne, donnée par la notice de 482. On ne connaît, du reste, aucun Évêque de Maura, car, dans la notice même, cet Évêché est au nombre de ceux dont les sièges étaient vacants à cette époque.

Le nom de Maura peut venir d'un propriétaire appelé Maurus ou d'une autre particularité. Nous rappellerons que à Guelt Zerga, à six kilomètres au nord d'Auzia, une borne porte ces mots [1] :

LIMES
MAVRI

Il y avait aussi, même en Maurétanie, plusieurs corps de troupes portant le nom de cette province et l'un d'eux a pu donner son nom à un camp militaire qui devint plus tard une cité épiscopale.

[1] Corpus. 9178.

LXIV. — MAVRIANA.

La ville de Mauriana était, comme le prouve la notice, dans la Maurétanie césarienne. Les auteurs ne nous apprennent rien de plus à son sujet. Il y eut un *comes domesticorum,* nommé Maurianus, qui fut *magister militum* d'Afrique, en 414 ; c'est grâce à lui qu'il fut permis aux Africains de tuer les lions qui infestaient leur pays [1].

LVCIEN. Son nom se trouve dans la préface du Concile de Rome, tenu sous le pontificat du pape Jules, en 337 [2], et auquel assista Rufus, évêque de Carthage. Toutefois, comme nous l'avons fait remarquer, l'autorité de ce Concile est douteuse.

SECOND. La notice le cite le quatre-vingt-huitième parmi les Évêques de la Maurétanie césarienne qui se rendirent à la réunion de Carthage en 484 et de là furent envoyés en exil par le roi Hunéric avec cette phalange intrépide de Confesseurs qui avaient repoussé généreusement l'hérésie arienne.

LXV. — MAXITA.

Hiarbas, contemporain de Didon, est appelé, selon Justin [3], roi des Maxitains. Or, la notice de 482 mentionne

---

[1] Cod. Theod. 15. 11. 1.
[2] Hard. 1. 567.
[3] Trog. 18. 6. Voir Salmas. in Solia. p. 322.

une ville nommée Maxita dans la Maurétanie césarienne. Cette cité a-t-elle quelque rapport avec le peuple des Maxitains ? Nous l'ignorons, car les auteurs n'en disent rien davantage.

FELIX. Il figure le cent quatorzième sur la liste des Évêques de la Maurétanie césarienne qui se rendirent à la réunion de Carthage en 484 et furent ensuite condamnés à l'exil par le roi Hunéric avec leurs autres collègues. Félix mourut pour sa foi en exil, car la note *probatus* a été ajoutée à son nom.

LXVI. — MEDIA.

La ville ou le bourg de Media faisait partie de la Maurétanie césarienne, comme l'indique la notice.

La province offre encore une ville du même nom, Médéa, qui a certainement succédé à une cité antique.

EMILE. Il figure le quarante-septième sur la liste des Évêques de la Maurétanie césarienne qui se rendirent à la réunion de Carthage en 484 et furent sur l'ordre du roi Hunéric condamnés à l'exil avec leurs autres collègues.

LXVII. — MINA.

Mina, autrement Minna, appartenait à la Maurétanie césarienne, comme le montre la notice de 482, laquelle est confirmée par l'Itinéraire d'Antonin, où l'on voit que Mina se trouvait à seize milles de Ballene et à vingt-cinq milles de Cadaum. Elle est remplacée aujourd'hui par le bourg de Relizane, mais la rivière qui y coule a conservé le nom de Mina. La ville était située sur la rive droite de celle-ci, à la partie occidentale d'une colline qui domine des plaines fertiles. On n'y voit plus que des amas de décombres.

CECILIVS. Il figure le quarante-neuvième parmi les Évêques de la Maurétanie césarienne qui se rendirent à Carthage en 484 sur l'ordre du roi Hunéric et furent ensuite exilés avec les autres Évêques convoqués par ce prince.

SECONDIN. Il assista au Concile de Carthage que réunit Boniface en 525 et auquel il souscrivit le premier en ces termes, après les députés des provinces[1] : *Secondin, évêque du peuple de Mina, de la province de Maurétanie.*

---

[1] Hard. 2. 1081.

LXVIII. — MVRVSTAGA.

Murustaga est un nom peu connu, dont ne parlent point les géographes. Nous savons seulement par la notice de 482 qu'elle appartenait à la Maurétanie césarienne.

MARCIEN. Il figure le vingt-cinquième parmi les Évêques de la Maurétanie césarienne qui se rendirent à la réunion de tous leurs collègues, à Carthage, en 484, et furent avec eux envoyés en exil par l'ordre du roi Hunéric. La note *probatus* ajoutée à son nom indique qu'il mourut pour la foi loin de son siège.

LXIX. — MVTECI.

Muteci appartenait à la Maurétanie césarienne, comme nous l'apprend non seulement la notice des Églises d'Afrique que nous citons souvent, mais encore l'autre notice, c'est-à-dire celle de l'Empire d'Occident, qui mentionne un *præpositus limitis Mutecitani sub dispositione viri spectabilis Ducis et Præsidis provinciæ Mauretaniæ cæsariensis.*

Muteci a été retrouvée à Aïn Aneb, à sept kilomètres de Tessemsil, dans la région de Téniet el Had. C'est ce que montre le texte suivant [1] :

---

[1] Bullet. corr. Afric. 1884. p. 459.

CASTELLVM
MVTECI POSITVM
EST AP CCCCXXXET
GIII

L'an 439 de l'ère maurétanienne répond à l'an 478 de l'ère chrétienne. La notice de l'Empire donne un dessin du même Castellum que ne mentionne pas la notice de 482, par où nous voyons encore que les Évêques pour leurs signatures usaient de la plus entière liberté. Du reste, la notice de l'Empire cite Muteci entre Auzia et Forta, que nous avons identifiées avec Aumale et Frenda.

QVINTASE. Il figure le soixante-seizième sur la liste des Évêques de la Maurétanie césarienne qui, pour obéir à l'édit du roi Hunéric, se réunirent à Carthage en 484, avec les autres Évêques d'Afrique et que ce prince condamna tous à l'exil, à cause de leur constance à conserver la foi catholique.

Le calendrier de Carthage, au six des Ides d'octobre, et le martyrologe hiéronymien, à la même date, mentionnent un saint Quintase. On trouve aussi ce nom avec ceux d'autres martyrs, dans une inscription de Numidie.

LXX. — NABALA.

On trouve, dans la notice de 482, Nabala attribuée à la Maurétanie césarienne parmi les villes dont les sièges épiscopaux n'étaient point occupés à cette époque. Ni auparavant, ni plus tard, on ne rencontre aucun Évêque ayant porté ce titre. Pline, il est vrai, mentionne en Maurétanie la rivière de Nabar et la peuplade des Nabades, dont les noms peuvent être rapprochés de Nabala. D'autre part, une localité de la région de Tiharet porte encore le nom de Nouale et elle joua un certain rôle à l'époque de la conquête musulmane.

LXXI. — NASBINCA.

La notice met Nasbinca dans la Maurétanie césarienne. C'est tout ce que nous en savons.

IANVIER. Il est le trente-neuvième parmi les Évêques de la Maurétanie césarienne qui se rendirent à l'assemblée de Carthage en 484 et que le roi Hunéric exila avec leurs autres collègues. La note *probatus* ajoutée à son nom indique que Janvier mourut loin de son siège pour la foi catholique.

LXXII. — NOVA. I.

Il faut admettre deux villes du nom de Nova dans la Maurétanie césarienne, puisque la notice de 482 marque, la même année, deux Évêques catholiques de Nova. La notice y place, en outre, les Évêchés de Villa Nova, de Castra Nova et d'Oppidum Novum. Les géographes nous font connaître, dans la Césarienne, Oppidum Novum et Castra Nova. L'Itinéraire mentionne, dans la Tingitane, une autre Oppidum Novum et une station dite Ad novas. Mais, du reste, nous sommes, non pas dans la Tingitane, mais dans la Césarienne.

Les autres provinces avaient aussi leurs Novæ nombreuses.

Ajoutons qu'une inscription trouvée entre Auzia et Rapidi mentionne des *Turres Novas* que l'Empereur Commode fit élever. *M. Aurelius Commodus Antoninus, securitati provincialium suorum consulens, instituit et veteres refecit opera militum suorum*[1].

Il se trouva, en 451, au concile de Chalcédoine, avec Thomas de Valentiniana, Aurèle de Puppi, et Janvier de Macriana, un Évêque nommé Secondin de Nova[2].

VERECVNDVS. La notice le cite le dix-neuvième parmi les Évêques de la Maurétanie césarienne qui se rendirent à Carthage, en 484, sur l'ordre du roi Hunéric, adressé à tous les Évêques catholiques, et furent ensuite envoyés avec eux en exil.

LXXIII. — NOVA. II.

Cette ville, comme l'indique la notice, était aussi située dans la Maurétanie césarienne. Elle devait avoir une épithète qui la distinguait de la première.

[1] Eph. v. 952.
[2] Labbe 4. 1027. Cf. mss. Bibl. nat. 1455. fol. 51.

MIGGIN. Il figure le quatre-vingt-treizième parmi les Évêques de la Maurétanie césarienne que le roi Hunéric convoqua à Carthage en 484 et qu'il exila ensuite avec tous leurs collègues d'Afrique. Une note indique que Miggin mourut pour la foi loin de son siège.

LXXIV. — NOVICA.

Aucun écrivain ne parle de cette ville. La notice seule indique qu'elle était située dans la Maurétanie césarienne. Il y a, entre Perrégaux et Mostaganem, une localité nommée Aïn Nouïssy.

DONAT. Il est le septième sur la liste des Évêques de la Maurétanie césarienne qui se rendirent à l'assemblée générale de Carthage en 484 et furent condamnés à l'exil avec tous leurs collègues d'Afrique par le roi Hunéric. Donat fut du nombre de ceux qui moururent pour la foi en exil, comme le montre la note ajoutée à son nom.

LXXV. — NVMIDIA.

Nous savons, par la conférence de Carthage et par la notice, qu'il y avait, dans la Maurétanie césarienne, une ville appelée Numidia, autrement Numida. C'était très vraisemblablement une colonie de Numides qui désolèrent souvent l'Afrique par leurs incursions. Du reste le royaume Numide s'étendit jadis bien loin dans la Maurétanie. Aussi les monuments épigraphiques signalent les Numides sur tous les points de l'Afrique du nord. A Ellès, dans la province Proconsulaire, on voit paraître une *gens Numidarum*[1] : à Cellas, dans la même province, on trouve les *Chellenses Numidæ*[2] : à Masculula, toujours dans la Proconsulaire, il y avait un *Conventus Numidarum*[3]. Je laisse la Numidie, qui était le centre du peuple Numide. Dans la Sitifienne, à Serteï, nous voyons paraître un *princeps gentis Numidarum* [4]. La Table de Peutinger signale un groupe de Numides sur le littoral de cette province. D'après deux inscriptions de Guesria, sur les confins de la Sitifienne et de la Césarienne, dans la plaine de la Medjana, étaient les limites d'une tribu de Numides [5] ·

EX. INDVLGENTIA
IMP. CAES. TRAIANI
HADRIANI . AVG
FINES . ADSIGNA
TI . GENTI . NUMIDA
RUM . PER . C . PETRO
NIVM . CELEREM
PROC . AVG . PROVINC
MAVRETANIAE . CAESA
RIENSIS

Dans la même région, aux Oulad Agla, a été retrouvé le texte suivant, où il est fait mention d'un décurion princeps de la même *gens Numidarum* :

---

[1] Tissot. Prov. d'Afr. 1. 458.
[2] Ibid.
[3] Cagnat. Fasc. I. p. 135.
[4] Corpus. 8826.
[5] Ibid. 8813. Cf. 8814.

```
            DEO . SANC . FRVG . AVG . SAC
            SEX VICTOR DEC PR GN
            MONITVS SACRA RELIGIONE
            TEMPLVM SIMVL CVM
            AREA . ET . ARAS . SVMMA
            CVM . DILIGENTIA
            RESTITVIT SP . DD .
            CVR CORE SATVRNIM
            ET LVCIO AEMILIO
            DEF PUBLICO SS . BB
            AN PR CCVIII
```

Ce monument qui date du milieu du troisième siècle est, du reste, très remarquable, en ce qu'il mentionne le rôle de l'*area* dont nous avons parlé à l'article de Césarée. Il nous montre aussi que la dite tribu Numide était depuis longtemps installée dans cette région.

Serteï est dans la même région que Guesria et Oulad Agla et le monument qu'on y a trouvé mentionne aussi un *decurio princeps gentis Numidarum*. La mention de la tribu Numide se trouve également au Guergour. Il y avait donc en ces parages, une grande tribu se développant de l'est à l'ouest sur plus de quarante kilomètres et qui avait assurément un centre, mais nous ne le connaissons pas encore.

IANVIER. Il assista, parmi les Donatistes, à la Conférence de Carthage de 411. Il y répondit, à l'appel[1] : *J'ai donné mandat et j'ai souscrit, mais je n'ai point de traditeurs chez moi*. Alors Fortunatien de Sicca, un des sept mandataires des catholiques, dit : *D'où êtes-vous?* A quoi Janvier répondit : *de Numidia, qui est en Maurétanie césarienne*. A ces mots, Réparat, évêque de l'Église ca-

---

[1] Cog. 1. 188.

tholique de Sufasar, répondit : *C'est mon diocèse : j'y ai un prêtre*, il y a *veillé avec vous*. Numidia se trouvait donc à une certaine proximité de Sufasar, aujourd'hui Amoura, ville épiscopale dont nous parlerons plus loin. Cette circonstance ne contredit pas les données des textes épigraphiques que nous avons cités.

VICTOR. Il est le cent dix-huitième sur la liste des Évêques de la Maurétanie césarienne qui, en 484, se rendirent à Carthage pour la réunion ordonnée par le roi Hunéric et furent condamnés à l'exil, à cause de leur zèle pour la foi catholique. Victor mourut pour cette même foi en exil, comme le montre la note *probatus* ajoutée à son nom.

Numidia eut, plus tard, des Évêques titulaires, dont les noms suivent :

Alphonse Naselli, de Palerme, en 1728 ;
Sévérin Marie Castelli, 27 mars 1765 ;
Étienne de Blanquet de Réouville, 28 janvier 1828.

LXXVI. — OBORI. I.

La notice montre qu'il y avait deux Obori dans la Maurétanie césarienne. L'une de ces villes avait un Évêque en 482 et l'autre n'en avait pas, car elle est comptée parmi celles dont le siège épiscopal était vacant. Sur ces sièges vacants, nous ferons une remarque et nous observerons que Majuca se rapproche de Tamazuca, Nabala de Tabla,

Tubuna de Tabunia, Maura de Amaura, toutes villes de la Césarienne. Les deux Obori ont absolument le même nom dans la notice.

PIERRE. Il est le soixante-douzième sur la liste des Évêques de la Maurétanie césarienne qui, en 484, se rendirent à Carthage pour l'assemblée convoquée par le roi Hunéric et préférèrent généreusement l'exil à l'hérésie Arienne.

LXXVII. — OBORI. II.

La seconde Obori ne paraît pas être plus connue que la première et même en 482 elle était sans Évêque. Ptolémée signale une ville appelée Bunobora dans la Maurétanie césarienne, et El Bekri, auteur arabe du douzième siècle mentionne la ville de Boura, entre Tiharet et Auzia. Il y a encore, au sud d'Auzia, plusieurs localités qui portent le nom d'El Bouri.

LXXVIII. — OPPIDVM NOVVM.

L'Itinéraire d'Antonin place la Colonie d'Oppidum Novum entre le municipe de Tigavas et le Castra Tigavas, à deux milles de celui-ci et à trente-deux milles du municipe. D'après Pline, le titre de Colonie lui fut donné par l'Empereur Claude qui y plaça des vétérans. Ptolémée nomme, dans la Maurétanie césarienne, Oppidoneum et Oppidium. Un fragment d'inscription de Carthage mentionne avec d'autres les *Oppidani-No(vani)*[1].

L'auteur El Bekri appelle Oppidum Novum du nom d'El Khadra, la verte. Aujourd'hui elle s'appelle encore Aïn el Khadra, car elle s'est relevée de ses ruines et nous l'appelons, en notre langue, Duperré.

L'inscription suivante affirme cette identité[2] :

```
         C . VLPIO . C. F.
         QIR. MATERN.
      AEDIL. IIVIR . IIVIR.
           QQ. OMNIBVS
            HONORIBVS
         FVNCTO . PRINCI
         PI . LOCO . AERE
             CONLATO
             OPPIDON
```

Les ruines de l'antique cité sont étendues sur une colline et occupent un grand espace, au confluent du Chélif et de l'oued Ebda. Des restes d'aqueduc, d'un pont sur le Chélif, des quais, et une nécropole, sont ce qu'il y a encore de plus remarquable.

VENANT. Il est le soixante-quatrième parmi les Évêques de la Maurétanie césarienne que le roi Hunéric après la réunion de Carthage, en 484, condamna à l'exil avec leurs autres collègues. La note *probatus* jointe au nom de Venant, indique qu'il mourut pour la foi loin de son siège.

[1] Corpus. 10530.
[2] Ibid. 9643.

LXXIX. — ORAN.

Oran est le chef-lieu de la province du même nom qui comprend la moitié de l'ancienne Césarienne, c'est-à-dire la partie occidentale. Il est fort probable que Oran a succédé à une ville antique, mais jusqu'ici on n'a pas pu découvrir son nom. Les Espagnols ont occupé Oran jusqu'à la fin du dernier siècle et elle aurait eu des Évêques dépendants de l'archevêque de Tolède. Nous ne connaissons pas leur nom.

Le siège épiscopal actuel a été établi le 25 juillet 1866 et il a été occupé par les Évêques dont les noms suivent :

JEAN Baptiste Irénée Callot, préconisé le 12 juillet 1867 et mort le 1er novembre 1875 ;

LOUIS Joseph Vigne, préconisé le 3 avril 1876 et transféré à Digne, en mars 1880 ;

PIERRE Marie Étienne Ardin, préconisé le 27 février 1880 et transféré à La Rochelle en mars 1884 ;

NOEL Matthieu Victor Marie Gaussail, préconisé le 27 mars 1884, et transféré à Perpignan, le 31 mars 1886.

GERAVD Soubrier, préconisé le 10 juin 1886.

LXXX. — PANATORIA.

Panatoria, si ce nom est exact, est une ville peu connue et dont les géographes ne parlent point. Il est certain, cependant, d'après la notice, qu'elle se trouvait dans la Maurétanie césarienne. Nous ne connaissons, en cette province, qu'une montagne dite de *Pastoriana,* que fait connaître une inscription trouvée à Korn el Asnam, à huit kilomètres d'Auzia, vers le sud-ouest [1].

DONAT. La notice le cite le onzième parmi les Évêques de la Maurétanie césarienne qui, après la réunion de Carthage, en 484, furent condamnés à l'exil par le roi Hunéric avec tous les autres Évêques de cette assemblée.

LXXXI. — POMARIA.

Pomaria, autrement Pamaria, était une ville inconnue, mais qui a été récemment retrouvée. C'est la ville actuelle de Tlemcen, qui fut importante à l'époque romaine et devint au Moyen-Age, la capitale d'un royaume berbère célèbre dont les souvenirs font encore l'admiration des visiteurs. Elle devait son nom latin à de magnifiques vergers qui n'ont rien perdu de leur ravissante beauté. L'antique

---

[1] Corpus. 9180.

cité avait son centre à Agadir ; elle s'élevait sur un plateau que domine la montagne de Lalla Setti.

A l'époque de Sévère, la troupe qui gardait Pomaria s'appelait *Ala exploratorum Pomariensium Severiana,* comme le montre le texte suivant[1] :

> DEO
> SANCTO
> AVLI SVAE
> FL CASSI
> ANVS PRAE
> FECT ALAE
> EXPLORA
> TORVM
> POMARI
> ENSIVM
> seveRIANAE

Sous Gordien, cette troupe de cavalerie avait pris le nom de *Ala exploratorum Pomariensium Gordiana*[2].

Nous lisons le nom de Pomaria dans une épitaphe chrétienne de Regias, ainsi conçue[3] :

> DEI SANCTI AETERNI IVSSV VA
> LENTIAE IANVARIAE APERTIAE PO
> MARIS DEFVNCTA ANI PM XL
> ET APERTIAE VALENTIAE FIL
> EIVS QVAE VIX ANI V APER
> TIVS SORICVS VXORI DO
> NATVS MATRI PIISSIME

Les épitaphes chrétiennes de Pomaria contiennent généralement la formule *donum œternalem fecit*[4] :

[1] Corpus. 9906.
[2] Corpus. 9907.
[3] Eph v. 1058.
[4] Corpus. 9923.

```
         DMS
       IVLIVS IAD
      IR VICXIT ANI
     S LXX CVI FILI
       FECERVNT
       DOMVM ET
      ERNALEM AN
      PROVICIE dXCV                a. 635.
```

Presque toutes offrent également la formule DMS qui avait perdu sans doute pour les chrétiens sa signification païenne.

LONGIN. Il figure le quarante-troisième sur la liste des Évêques de la Maurétanie césarienne qui se rendirent à Carthage en 484 quand le roi Hunéric convoqua tous les Évêques d'Afrique avec leurs autres collègues, ils préférèrent courageusement l'exil à l'hérésie arienne. Victor de Vite a célébré Longin de Pomaria [1] avec Eugène de Carthage et Vindémial de Capsa. Il se signala, en effet, à Carthage, et c'est de lui que parlent Grégoire de Tours [2] et Frédégaire dans sa chronique [3]. Le martyrologe d'Usuard annonce les trois Évêques comme martyrs le premier jour de février.

LXXXII. — QVIZA.

C'est cette ville que Pline nomme Quiza Xenitana, ville d'étrangers. Ptolémée lui donne le titre de Colonie et l'Itinéraire d'Antonin celui de municipe. Elle appartenait à la

---

[1] Pers. Vaud. 2. 17.
[2] Hist. Franc. 2.
[3] Migne Patrol. tom. 71.

Maurétanie césarienne et était située entre Portus Magnus et Arsinnari, non loin de la mer. Pline la nomme entre le fleuve royal, Mulucha, Chélif actuel et Arsinnari, tandis que Ptolémée la place entre le Chilemat, autre nom du Chélif et le Deorum Portus. L'Itinéraire la met à quarante milles de Portus Magnus et à la même distance d'Arsinnari. Pomponius Mela l'appelle Quiza Castellum, tandis que Possidius la nomme Quida Colonia. Les ruines de Quiza se voient encore sur la rive droite du Chélif, entre le village appelé Pont du Chélif et la mer, à trois kilomètres et demi du village. Elles s'étendent au pied et sur les pentes d'un plateau escarpé, couronné jadis par une citadelle. Les restes de son port se trouvent à l'embouchure du Chélif, sur sa rive droite. Ce port était à sept kilomètres de la ville dont les ruines sont connues aujourd'hui sous le nom de El Benian.

Le nom ancien paraît dans l'inscription suivante[1] :

MEMORIAE
C. IVLI EXTRI
CATI . FILI . SVI
DULCISSIMI ATQ
INNOCENTISSIMI
C. IVLIVS HONO
RATVS PRINCEPS
PATRIAE SVAE
DISP . REIP . Q.
ET CURATOR
PATRONVS
PROVINCIAE

PRISCVS. Il assista, en 411, parmi les Catholiques, à la Conférence de Carthage où, après la lecture de sa sous-

---

[1] Corpus. 9699.

cription, il ajouta[1] : *Je n'ai point de donatiste. Celui qui y était avec quelques-uns de ses parents s'en est retourné avec eux.* A cette déclaration, Honorat d'Aquæ Sira, Évêque donatiste, répondit : *Notre Évêque de Quiza a succombé dans la persécution ; nous avons là nos prêtres.* Ce Priscus doit être celui dont parle saint Augustin dans sa deux cent neuvième lettre au pape Célestin, lorsqu'il dit : *Que Priscus, Évêque de la province Césarienne, crie : Ou bien le droit à la dignité de Primat devait m'être accordé comme aux autres, ou bien on ne devait pas me laisser la dignité épiscopale.* D'où il ressort qu'on avait condamné Priscus à se voir repoussé de la Primatie, alors même qu'elle lui aurait été due à cause de son ancienneté. Saint Augustin dit qu'il ne fait que rappeler des exemples récents.

TIBERIEN. Il est cité le second sur la liste des Évêques de la Maurétanie césarienne que le roi Hunéric convoqua à la réunion générale de Carthage, en 484, et qu'il condamna à l'exil avec tous les autres Évêques.

VITALIEN. Il est connu par une inscription en mosaïque qui a dû appartenir à une basilique de Quiza. Elle porte ce qui suit[2] :

<pre>
        IN NOMINE DOMINI SALVATORIS
        SANCTO VITALIANO EPISCOPO
              ULPIANA CVM SUIS
          CHRISTO IVBENTE PERFECIT
</pre>

L'Évêque Vitalien est appelé saint et tout indique qu'il

---

[1] Cog. 1. 143.
[2] Corpus. 9703.

était honoré comme tel dans l'Église de Quiza ; mais nous ignorons à quelle époque il a gouverné cette église.

LXXXIII. — RAPIDI.

La notice de 482 attribue Lapidi, altération de Rapidi, à la Maurétanie césarienne. On ne peut voir, en effet, dans cette variante, qu'une faute de copiste, qui ne peut s'éclaircir, quand le manuscrit est unique comme l'est le manuscrit de Laon, que par les textes épigraphiques et par les données géographiques.

Or l'Itinéraire d'Antonin place Rapidum ou Rapidi entre Auzia et Tirinadi, à seize milles d'Auzia et à vingt-cinq milles de Tirinadi. C'est, en effet, à Sour Djouab, entre Aumale et Médéa, que Rapidi a été retrouvée. Il y a là des ruines assez importantes qui couvrent une colline, allongée de l'est à l'ouest, et baignée au nord et au sud par deux petits affluents du haut Isser. C'était une station militaire, fondée par l'empereur Adrien, en 122, comme le montrent diverses inscriptions, découvertes en remettant au jour l'enceinte des murailles. L'une d'elles dit[1] :

felicissimis et bEATISSIMIS . TEMPORIBVS . SVIS .
imp.Caes. c. val. DIOCETIANVS . INVICTVS . PIVS . FEL. AVG. ET.
imp. Caes. m. aur. Val. mAXIMIANVS . INVICTVS . PIVS .
FEL . AVG . ET .
flavius val. ConstantIVS . ET . GALER . VAL . MAXIMIANVS
NOBILISSIMI . CAESS.

[1] Eph. v. 956. Cf. 954 et seq.

MVNICIPIVM . RAPIDENSE . ANTE . PLVRIMA . TEMPORA .
REBELLIVM
INCVRSIONE . CAPTVM . AC . DIRVTVM . AD . PRISTINVM .
STATVM
A . FVNDAMENTIS . RESTITVERVNT . CVRANTE
VLPIO . APOLLONIO . V. E. P. P. M. C. NVMINI . MAIESTATIQ .
EOR Devoto

Un texte de l'an 167 nous apprend que les vétérans et les citoyens

VETERANI ET PAGANI CONSISTENTES APVT RAPIDVM

élevèrent à leurs frais le mur d'enceinte de la ville[1].

Un milliaire de l'époque de Dioclétien se termine comme suit[2] :

AB AVZIA RAPI
DV M P I

Ce milliaire était en place.

Nous devons ajouter que l'Itinéraire d'Antonin signale sur la même voie romaine un Rapida Castra placé à douze milles de Rusucurru, représenté sans doute par la ville actuelle de Dellys. Le Castra Rapida devait se trouver près Bordj Menaïel (Haussonville). Il y eut donc deux villes, dont l'une eut le titre de municipe, qui furent à l'origine des établissements militaires et portèrent toutes deux le nom de Rapidum ou Rapidi, comme il y eut un municipe de Tigavas et un camp du même nom.

RESTITUT. Il figure le soixante et unième sur la liste des Évêques de la Maurétanie césarienne qui se rendirent à la

---

[1] Eph. v. 955.
[2] Ibid. 1150.

réunion de Carthage en 484 et furent ensuite exilés par le roi Hunéric avec leurs autres collègues. Restitut fut un de ceux qui moururent au loin pour leur foi et qui ne revirent pas leur église, comme l'indique la note *probatus* ajoutée à son nom. Il est dit Évêque de Lapidia, par la faute du copiste, très probablement, comme nous l'avons observé.

LXXXIV. — REGIAS.

L'Itinéraire d'Antonin indique la station Ad Regias entre Tasaccora et Ad Dracones, à vingt-cinq milles de Tasaccora et à vingt-quatre milles de Ad Dracones. Regias est par conséquent représentée par les ruines d'Arbal, comme le montrent, du reste, plusieurs fragments d'inscriptions[1] dans lesquelles est mentionnée la *respublica regiensis*.

Les ruines d'Arbal sont étendues sur un contrefort très bas de la chaîne du petit Atlas : elles dominent toute la plaine de la Mlita. On y a retrouvé les restes d'une basilique chrétienne partagée en trois nefs et des épitaphes chrétiennes, assez intéressantes[2] :

```
        MEMORIE IVLIE VALE
        RIE QVI IN PAC
       E DOMINICA PRECESS
        IT QVI VICSIT ANN
        IS XV IVLIVS CATIVS
       MESA FECIT PR CCCLI
```

[1] Bull. arch. 1885. p. 338. Corpus. 9792.
[2] Bull. des ant. afric. 1884. p. 286.

La formule *in pace dominica precessit* est à remarquer avec le *mensam fecii*. La suivante est aussi curieuse [1] :

```
         D M S
        ANTONIO
        VICTORI M
        ARITO AMA
        NTISSIMO
        QVI VICXI
         T ANNIS
        LXXX MESA
        PERFECIT
         P CCCXLIII
```

VICTOR. La notice le cite le cinquante et unième parmi les Évêques de la Maurétanie césarienne qui se rendirent à la réunion générale de Carthage en 484 et furent ensuite condamnés à l'exil qu'ils subirent avec tous les autres Évêques.

LXXXV. — REPERI.

L'anonyme de Ravenne seul signale une localité du nom de Repetiniana entre Tigisis et Castellum, c'est-à-dire dans la plaine de la Mitidja. Mais nous ne saurions affirmer que Repetiniana est la même ville que Reperi.

CELIEN. Il figure le soixante-dixième sur la liste des Évêques de la Maurétanie césarienne qui se rendirent à

---

[1] Ibid. 1882. p. 56.

Carthage, en 484, pour assister à la réunion convoquée par le roi Hunéric et qui, sur l'ordre de ce même roi, furent ensuite exilés avec les autres Évêques.

LXXXVI. — RVSADVS.

Rusadùs, autrement Rusazùs, était une ville de la Maurétanie césarienne. Située entre Iomnium et Saldas, à trente-huit milles de Iomnium et à trente-cinq de Saldas, elle est nommée colonie dans Pline et municipe dans l'Itinéraire d'Antonin et dans la table de Peutinger, mais celle-ci place Rusadùs à vingt-cinq milles de Saldas, à vingt-trois milles de Rusupisir et par suite à quarante-deux milles de Iomnium. Ptolémée nomme Rusazus entre Rusubisir et Vabar.

D'après toutes ces données, on est porté à croire que Rusadus est représentée par les grandes ruines du village d'Azeffoun. L'oppidum était situé sur le point culminant. Deux forts dominaient l'oued Sidi Joucef : un troisième fortin et une forteresse défendaient toutes les approches de la ville dont le port était près de l'embouchure de la rivière.

Les environs sont habités par la tribu des Azzouza, dont le nom peut rappeler celui de la ville, si la vraie appellation de celle-ci était Rusazus. Dans une inscription mutilée que les ruines d'Azeffoun ont fournie, on a lu les lettres *Rus* qui peuvent également appartenir à Rusadus et à Rusupisir [1].

[1] Corpus. 8991

IDONIVS. La notice le nomme le soixante-neuvième parmi les Évêques de la Maurétanie césarienne qui se rendirent, sur la convocation du roi Hunéric, avec les autres Évêques, à la réunion de Carthage, en 484 et furent tous, à cause de leur profession de foi catholique, condamnés à prendre le chemin de l'exil.

LXXXVII. — RVSGVNIA.

L'Itinéraire d'Antonin mentionne la colonie de Rusguniæ à quinze milles d'Icosium et à vingt-quatre milles de Rusubbicari, ce qui nous conduit au cap Matifou où se voient les restes de la ville antique et parmi ceux-ci les vestiges d'une basilique chrétienne. Est-ce la basilique dont il est parlé dans le texte suivant [1] :

☩ SANCTO LIGNO CRVCIS CHRISTI SALVATORIS ADLATO
ADQ. HIC SITO FLAVIVS NVVEL . EX PRAEPOSITIS . EQITV
M ARMIGERORVM IVNIOR FILIVS SATVRNINI VIRI
PERFECTISSIMI EX COMITIBVS ET COLLCIAE HONESTISSIMA
E FEMINAE PRIMEPOS ELVRI LACONIQ BASILICAM VOTO
PROMISSAM ADQ OBLATAM CVM CONIVGE NONNI
CA AC SVIS OMNIBVS DEDICAVIT

Flavius Nubel peut fort bien être le père du fameux Firmus dont le tombeau se trouvait, comme nous le croyons, au col des Beni Aïcha, aujourd'hui Ménerville.

Pline appelle Rusguniæ une colonie d'Auguste. Ptolé-

---

[1] Corpus. 9255.

mée la nomme également entre la Rivière Savus, l'Harrach et la ville de Rusicibar, qui doit être la même que Rusubbicari de l'Itinéraire. Pline la nomme entre Icosium et Rusuccuru. Rusguniæ ne doit pas être différente de la Ruthisia de Pomponius Melo.

Du reste, plusieurs dédicaces, provenant de Rusguniæ portent le nom de la ville. L'une d'elles est incomplète[1] :

```
        QVAESTORI . TRIBVNo
    pLEBI . LEGATO. ALFIDI . SABINI
      PROCOS . SICILIAE . PRAEToRIO
   LEGATO . VE . LEPIDI . PROCOS . ASIAE
        PATRONO . RVSGVNIENSES
```

Une autre dédicace mentionne *Licinius Donatus, decurio patriæ Rusguniensium*[2] et parle d'une *area* de Saturne.

Dans une épitaphe chrétienne de Rusguniæ nous lisons[3]:

```
    † MEM . FL. ZIPERIS
      TRIBN . N . PRM. FEL.
      IVST . DEPOSITVS EST
      IN . PC. AGENS TRIBV
      NATV . RVSG . ANN . XII
```

Rusguniæ avait une population d'étrangers, comme le montre l'inscription suivante[4] :

```
       L . TADIO . L . FIL . QVIR
              ROGATO
       DEC . AED . IIVIR . IIVIR
         QQ . RVSG . ET RVSG
          CONSISTENTES oB
```

[1] Corpus. 9247.
[2] Ibid. 9249.
[3] Ibid. 9248.
[4] Ibid. 9250

MERITA QVOD FRV
MENTVM INTVLERIT
ET ANNONAM PAS
SVs non SIT INCRESCERE
AERE CONLATO

Cette ville servait sans doute de port à Auzia, car il y avait une sorte de Confédération établie entre les deux villes, selon l'inscription suivante d'Auzia[1] :

q. gARGILIO. Q. F. Q. MARTIALI. EQ. R
prAEF. COH. I. ASTVRVM. PR. BRITTA
nIAE . TRIB . COHISP . PR . MAVR . CAE
a MIL . PRAEP . COH . SING . ET . VEX
e QQ . MAVROR . IN TERRITORIO
aVZIENSI . PRAETENDENTIVM
DEC . DVARVM . COLL . AVZIEN
SIS . ET. RVSGVNIENSIS ET PAT
PROV . OB INSIGNEM IN CI.
VES AMOREM . ET SINGVLA
REM . ERGA PATRIAM ADFEC
TIONEM ET QVOD EIVS VIR
TVTE AC VIGILANTIA . FA
RAXEN . REBELLIS CVM SA
TELLITIBVS SVIS FVERIT .
CAPTVS ET INTERFECTVS
ORDO COL . AVZIENSIS..
INSIDIIS BAVARVM DE
CEPTO P.P.F DD. VIII. KAL
a PR . PR . CCXXI   26 mars 260

L'ancienne colonie de Rusguniæ formait un rectangle de huit cents mètres sur quatre cents. Ses monuments ont servi à bâtir la moderne Alger. L'édifice le mieux conservé était la basilique appelée par les indigènes Kasba ed Dakious. Le nom actuel de Cap Matifou est une alté-

---

[1] Corpus. 9041.

ration du berbère Ras Temendfoust. C'est en cet endroit que les débris de l'expédition de Charles-Quint se rembarquèrent pour l'Espagne après la malheureuse attaque d'Alger.

NVMÉRIEN. Il fut député, en 419, par les Évêques de sa province, comme légat, au Concile de Carthage compté comme le septième. Il y souscrivit le dernier [1].

BONIFACE. Il figure le soixante-troisième parmi les Évêques de la Maurétanie césarienne que le roi Hunéric, qui les avait appelés à l'assemblée de Carthage en 484, condamna à l'exil avec tous leurs autres collègues.

LXXXVIII. — RVSVBBICARI.

Cette ville devait son nom, comme les deux précédentes et comme plusieurs autres, à un promontoire. Dans la notice de 482 elle est appelée Rubicaria. C'est aussi le Castellum Subicarense dont parle Ammien Marcellin et qu'il semble placer dans la région des Isaflenses qui peuvent être les Flissa actuels. Le corps du rebelle Firmus fut apporté dans Subicari au comte Théodose, et nous avons fait remarquer à l'article de Rusguniæ que le tombeau de Firmus se trouvait à Benian intâ Soumâ, au col des Beni Aïcha, aujourd'hui Ménerville [2].

[1] Hard. 1. 1250.
[2] Corpus. 9011.

L'Itinéraire d'Antonin place Rusubbicari à vingt-quatre milles de Rusguniæ et à douze milles de Cissi. La Table de Peutinger lui donne le nom de Rusubbicari Matidiæ, qui est resté attaché jusqu'aujourd'hui à la fameuse plaine de la Mitidja et qui lui vient d'un membre de la famille Trajane ; elle la met à vingt-deux milles de Cissi.

Ptolémée l'appelle Rusicibar et la nomme entre Rusguniæ et Modunga. De ces données nous concluons que Rusubbicari était une ville forte, assise sur un promontoire maritime et dominant une plaine qui formait un domaine de l'une ou l'autre Matidia. Nous devons donc la reconnaître dans les ruines de Mers el Hadjedje. Ce port est fermé à l'est par une élévation toute couverte de ruines. Les restes de la ville occupent environ dix hectares. On voit dans les eaux les restes d'une jetée.

CONSTANCE. Il assista, en 411, avec les Donatistes, à la Conférence de Carthage, sans adversaire catholique, et à l'appel de son nom il dit [1] : *J'ai donné mandat et j'ai souscrit.*

PAVLIN. La notice le cite le soixante-dix-septième parmi les Évêques de la Maurétanie césarienne qui se rendirent à la réunion de Carthage, en 484, et furent ensuite par ordre du roi Hunéric exilés avec tous les autres Évêques.

[1] Cog. 1. 197.

LXXXIX. — RVSVBISIR.

Ptolémée place Rusubisir entre Iomnium et Rusazus. La Table de Peutinger écrit Rusipisir et met vingt-trois milles de Rusadus à Rusipisir et quarante-deux milles de Rusipisir à Iomnium. L'anonyme de Ravenne la nomme Rusuvisir, tandis que la notice de 482 porte Rusubir, sans doute par contraction. Car, évidemment, il s'agit d'une même ville. On ne s'accorde pourtant pas sur sa position. Les uns la retrouvent à Tiza sur l'oued Mlata, d'autres à Azeffoun où nous avons placé Rusazus, d'autres enfin à Taksebt, sur le prolongement du djebel Bizar, où nous mettrions plutôt Iomnium. Ce qui est certain c'est que la ville se trouvait, comme les précédentes, sur un promontoire qui lui avait donné son nom.

FELIX. Il figure le vingt-deuxième sur la liste des Évêques de la Maurétanie césarienne qui, en 484, se rendirent à Carthage, où le roi Hunéric avait convoqué tous les Évêques d'Afrique, et furent ensuite exilés avec tous leurs autres collègues à cause de leur profession de foi catholique.

XC. — RVSVCCVRV.

Rusuccuru était une ville notable de la Maurétanie césarienne, car Pline constate qu'elle fut honorée par Claude du droit de cité romaine. Dans l'Itinéraire d'Antonin elle est appelée colonie et placée sur la côte même, entre les municipes de Cissi et de Iomnium, à douze milles de Cissi, à dix-huit milles d'Iomnium et à douze milles de Rapida Castra. La Table de Peutinger lui donne le même titre, la met aussi à douze milles de Cissi, mais à vingt-huit milles de Iomnium et à douze milles de Tigisis, ville située dans l'intérieur des terres. Ptolémée mentionne Cissi, Addumi, Rusuccuru et Iomnium, et l'anonyme de Ravenne cite Rusguniæ, Rusuccuru et Iomnium. Avec tous ces éléments on n'est pas encore fixé sur la situation précise de Rusuccuru. Les uns, en effet, la reconnaissent dans la ville actuelle de Dellys, tandis que les autres la voient dans les ruines de Tigzirt dont nous avons parlé à l'article de Iomnium. C'est au milieu de ces ruines importantes qu'a été trouvé le texte suivant qui donne à Rusuccuru le titre de municipe [1] :

.GENIO. MVNICIPII. RVSVCCVRITANI.
C. IVLIVS. RVSTICI. FIL. QVIR. FELIX. RVSVCCVRITANVS
DECVRIO. AB. ORDINE. ALLECTVS. PRAEF. PRO IIVIRIS
ATQVE. AB. ORDINE. ELECTVS. II. VIRV. ITEM. II. VIRV. QQ
FLAMEN. AVGGg. AVGVR. PERPETVVS. DEPOSITA. AD SO
LVM. DOMO. SVA. VETERI. TEMPLVM ET STATVAM SVA PECV
NIA FECIT ET DEDICA vit

Deux dédicaces découvertes, non loin de là, dans les ruines de Taksebt, mentionnent également Rusuccuru [2].

L. ANNIO. MA
XIMO. MODES
TI FIL QVIRI
NA RVSVCCV
RITAN EQVI

[1] Corpus. 8995.
[2] Inédite.

```
TI ROMANO. AE
   DILIQ FLAMI
  NICIO du VMVI
      RALIQ
   L. ANNI us MO
  DESTVS PATRI
     PIISSIMO
```

Dans une autre il est question encore sans doute de Rusuccuru et de son titre de colonie [1] :

```
   C. DOMITIO FIL
   FRATRI OPTIMO
   DOMIT ia ROMA
   NA SOROR EX VO
  LVNTA te fr ATRIS
  SVI QV aest fl AM
    COLON m ANDA
   TVQVe dato SIBI
    LOCO dec VRIO
    NIBVS po SVIT
     DED icavi TQ
```

Pourquoi le personnage dont il est question ci-dessus prend-il soin de faire graver le titre d'habitant de Rusuccuru s'il est dans sa patrie ? Si Tigzirt et Taksebt représentent Rusuccuru, comment concilier les distances fournies par les géographes ? Tigzirt est à vingt-huit kilomètres à l'est de Dellys et Taksebt à trente-cinq kilomètres. D'autre part, Dellys a toujours été une ville importante. Les restes d'antiquité qu'on y a retrouvés suffiraient à le prouver et le magnifique sarcophage chrétien tout en marbre qui y a été trouvé montre qu'il y avait là de riches familles chrétiennes. Il a été transporté au musée d'Alger.

Y avait-il une colonie de Rusuccuru et un municipe

---

[1] Inédite.

du même nom ? Cette ville comprenait-elle deux centres comme plusieurs autres cités du littoral maurétanien ? Taksebt était-elle la colonie, l'acropole, et Tigzirt le centre maritime, le port de la colonie ? Ces diverses questions ne sont pas encore complètement résolues.

On annonce en ce moment qu'une basilique de Tigzirt, découverte il y a quelques semaines, se compose de trois nefs divisées en onze travées, soutenues par de doubles colonnes. Dans l'abside, deux portes, encore en place, communiquent avec les sacristies.

La basilique de Tigzirt était une des plus belles de la Mauritanie. Bâtie avec les matériaux des anciens temples, elle contenait plus de cent colonnes dépassant un mètre de diamètre. Enfin le sol était entièrement recouvert d'un dallage de mosaïque. Une grande partie de cette riche décoration a disparu ; cependant, certains fragments bien conservés ont été retrouvés. Au milieu de motifs ornementaux des plus élégants, étaient intercalées une foule d'inscriptions, de devises, de maximes morales et de scènes symboliques, comme le sacrifice d'Abraham ; deux sculptures : une martyre et Balaam frappant son ânesse. L'architecte chargé des fouilles pense que la basilique a pu être construite au ve siècle, restaurée au vi^e et détruite par un incendie, probablement à l'époque de l'invasion arabe.

Rusuccuru est la patrie de la glorieuse vierge sainte Marcienne, qui subit le martyre sous Dioclétien, à Césarée, métropole de la province. Elle est honorée le douze février.

FORTVNAT. Il se trouva, en 411, parmi les Évêques catholiques à la Conférence de Carthage où, après la lecture de sa souscription, il dit[1] : *J'ai pour compétiteur Optat.* Celui-ci ajouta : *Je le connais,* et appelé à son tour il dit[2] : *J'ai donné mandat et j'ai souscrit.*

NIGELLVS. Les Évêques de la Maurétanie césarienne le déléguèrent, en 419, au Concile de Carthage dans lequel il souscrivit le premier des légats de sa province[3].

METTVN. Il figure le cinquante-quatrième sur la liste des Évêques de la Maurétanie césarienne qui, sur la convocation du roi Hunéric, se rendirent, en 484, à la réunion de Carthage et de là partirent pour l'exil avec leurs autres collègues.

XCI. — SAIA.

Hardouin place Saïa dans la Proconsulaire. Nous croyons qu'elle appartient plutôt à la Maurétanie césarienne.

DONAT de Saïa assista, en 411, à la Conférence de Carthage et répondit à l'appel de son nom parmi les Évêques catholiques[4] : *Je suis présent,* et il ajouta au sujet de son église : *Nous avons l'unité.*

DONAT de Saïa, autrement de Saiaca, est mentionné dans une lettre de Léon le Grand, écrite vers l'an 446 et adres-

[1] Cog. 1. 135.
[2] Ibid. 176.
[3] Hard. 1. 1250.
[4] Cog. 1. 128.

sée à tous les Évêques de la Maurétanie césarienne. Voici comment s'exprime le pape Léon [1] : *Nous voulons que Donat de Saïa* [2], *converti avec son peuple de l'hérésie de Novatien, comme nous l'apprenons, continue à présider au troupeau du Seigneur, mais à la condition qu'il nous adresse sa profession de foi, dans laquelle il condamnera les erreurs de Novatien et confessera pleinement la vérité catholique.* On trouve pour le nom de cet Évêque les variantes Salicina et Sataca. Le codex de la Bibliothèque du Mont Cassin l'appelle Donat de Novatiana [3].

XCII. — SATAFI.

La notice reconnaît en Afrique deux villes du nom de Satafi, en outre de Sitifis et de Sitipa. L'une des deux Satafi appartenait à la Maurétanie césarienne. Elle n'est pas autrement connue que par la notice de 482.

CRESCENT. Il est le cent seizième sur la liste des Évêques de la Maurétanie césarienne qui, en 484, se rendirent à la réunion de Carthage et de là furent chassés en exil par le roi Hunéric avec leurs autres collègues. La note *probatus* jointe au nom de Crescent indique qu'il mourut pour la foi catholique loin de son siège.

[1] Ep. 12. edit. Ballerini. Tom. I. p. 657.
[2] Mss. Barberini n. XIV. 52. fol. 17.
[3] I. p. 287.

XCIII. — SEREDDELI.

D'après la notice de 482, Sereddeli était une ville de la Maurétanie césarienne. Mais les géographes n'en disent rien.

ROGAT. Il est le quatre-vingt-douzième sur la liste des Évêques de la Maurétanie césarienne que Hunéric, après leur réunion à Carthage, en 484, exila avec les autres Évêques qu'il avait convoqués.

XCIV. — SERTA.

La ville de Serta se trouvait aussi, d'après la notice, dans la Maurétanie césarienne. Nous n'en savons rien de plus.

SATVRNIN. Il est le cent dix-septième parmi les Évêques de la Maurétanie césarienne qui se rendirent à l'assemblée de Carthage, en 484, et furent ensuite exilés avec les autres Évêques convoqués par le roi Hunéric. La note *probatus* jointe au nom de Saturnin indique qu'il mourut en exil pour la confession de la foi catholique.

XCV. — SESTA.

Sesta n'est connue que par la notice de 482.

CRESCENT. Il est le trente-sixième sur la liste des Évêques de la Maurétanie césarienne qui, convoqués par le roi Hunéric à la réunion de Carthage, en 484, furent condamnés à la peine commune de l'exil. La note *probatus* jointe au nom de Crescent montre que lui aussi mourut pour sa foi en exil.

XCVI. — SFASFERIA.

Les géographes ne nous apprennent rien de Sfasferia. Seule, la notice la place dans la Maurétanie césarienne.

RVFVS. Il est le cinquante-cinquième parmi les Évêques de la Maurétanie césarienne qui se rendirent à la réunion convoquée à Carthage, en 484, par le roi Hunéric et furent exilés avec tous leurs autres collègues.

XCVII. — SICCESI.

Sous ce nom, nous pourrions voir le municipe de Siga, dont nous avons déjà parlé à l'article de Ita. C'était une ville célèbre de la Maurétanie césarienne, située vis-à-vis de Malaga d'Espagne et qui fut la résidence royale de Syphax. Il n'est pas croyable, en effet, que, au temps où Hunéric sévissait contre les catholiques et où l'Afrique comptait un si grand nombre d'Évêques, une ville de premier rang n'eût pas d'Évêché. Au contraire, il n'est pas étonnant de trouver dans les manuscrits Siccesitanus au lieu de Sigensis.

L'Itinéraire d'Antonin met le municipe de Siga entre Portus Cæcilii et Portus Sigensis ; il mentionne, en outre, Antisiga entre Portus Cæcilii et ad Fratres. Il y avait donc trois localités portant le nom de Siga et très voisines l'une de l'autre. Le municipe de Siga est représenté par les ruines de Takembrit, situées sur la rive droite de la Tafna et à cinq kilomètres de l'embouchure de cette rivière où était le port de Siga.

Ptolémée nomme la colonie de la ville de Siga et le fleuve de Siga, qui est la moderne Tafna. Scylax écrit la ville de Sigon. Pline la nomme Siga Oppidum ainsi que Solin, tandis que Pomponius Mela l'appelle urbs parva. Le port de Siga porte aujourd'hui le nom de Rachgoun, jadis Archgol, qui peut être une altération de Ras Sigon.

MARTIN. Cet évêque assista, dans les rangs des Donatistes, à la Conférence de Carthage de 411. Il y répondit à l'appel [1] : *J'ai donné mandat et j'ai souscrit,* mais sans faire aucune mention d'un Évêque catholique.

EMPTACIVS. La notice le mentionne le quatre-vingtième sur la liste des Évêques de la Maurétanie césarienne qui, convoqués à Carthage par le roi Hunéric, furent, après cette réunion, exilés avec leurs autres collègues.

Il y aurait eu des Évêques titulaires de Siga :
Daniel-Jean-Antoine de Gebsattek, 6 mai 1748 ;
Augustin Baines, 29 janvier 1823.

XCVIII. — SITA.

La notice de 482 attribue Sita à la Maurétanie césarienne. Or, l'anonyme de Ravenne qui a reproduit les géographes plus anciens dont les données sur cette partie de l'Afrique sont perdues, mentionne la colonie de Sita après ad Rubras. Ce nom, du reste, peut être confondu avec Siga et Ita, et encore avec Sira. Nous avons parlé ci-dessus de Ita, des Aquæ de Sira et des diverses Siga.

La ville actuelle de Lalla Maghnia s'appelait jadis Numerus Syrorum et la rivière qui y passe porte encore le nom de Oued Bou Sir.

SATVRNE. Cet évêque était de la secte des Donatistes et assista dans leurs rangs à la Conférence de Carthage, en 411. Il n'eut pas d'opposant catholique et à l'appel il répondit [2] : *J'ai donné mandat et j'ai souscrit.*

---

[1] Cog. 1. 197.
[2] Ibid. 198.

REPARAT. La notice l'inscrit le cent douzième parmi les Évêques qui, s'étant assemblés à Carthage en 484, furent exilés par ordre du roi Hunéric.

XCIX. — SVBBAR.

C'est une ville inconnue que seule la notice de 482 nous a fait connaître.

DONAT. La notice le mentionne le vingt-troisième parmi les Évêques de la Maurétanie césarienne exilés avec leurs autres collègues par le roi Hunéric après l'assemblée de Carthage en 484.

C. — SVCARDA.

Sucarda n'est pas connue des géographes, mais la notice de 482 l'attribue à la Maurétanie césarienne.

POMPEIEN. Cet Évêque se rendit à Carthage en 411 pour assister à la Conférence parmi les catholiques ; mais surpris par une maladie il ne sortit pas de la maison où il avait pris sa demeure. C'est pourquoi, après la lecture de sa souscription, Alype de Thagaste l'excusa en disant [1] :

---

[1] Cogn. 1. 135.

Il est à Carthage, mais il est malade. Son compétiteur Donat était aussi à Carthage, mais lui non plus, ne put, pour raison de santé, assister à la Conférence. A l'appel de son nom, le donatiste Marinien d'Oea répondit pour lui [1] : *Il est ici en ville, mais il est malade.*

SVBDATIVS. Il est porté le treizième parmi les Évêques de la Maurétanie césarienne qui se rendirent à l'assemblée de Carthage convoquée par le roi Hunéric en 484 et qui par son ordre furent ensuite exilés avec leurs autres collègues.

CI. — SVFAR. I.

La notice de 482 mentionne deux Évêques de Sufar dans la Maurétanie césarienne. Sufar était-il vraiment le nom de leur siège ? Ne faudrait-il pas y voir une erreur de copiste et lire Safar ? Une inscription d'Altava nous fait, en effet, connaître une ville de ce nom, importante au commencement du sixième siècle, puisqu'elle était administrée par un prëfet. Voici le texte que nous avons donné déjà plus haut [2] :

PRO. SAL. ET. INCOL. REG. MASVNAE. GENT.
MAVR. ET. ROMANOR. CASTRVM. EDIFIC. A. MAS
GIVINI. PRAEF. DE SAFAR. IIDER. PROC. CAST
RA. SEVERIAN. QVEM. MASVNA. ALTAVA. POSVIT
ET. MAXIM. PROC. ALT. PERFECT. PP. CCCCLXVIIII

[1] Cogn. 1. 210.
[2] Corpus. 9835.

Une autre inscription d'Altava fait également mention de Safar. On peut donc conclure de ces textes que Safar était dans la région d'Altava. La notice de l'empereur Léon le Sage met dans la Maurétanie césarienne une ville nommée Suffar qui aurait eu encore des Évêques à la fin du neuvième siècle.

VICTOR. Il est le troisième sur la liste des Évêques de la Maurétanie césarienne qui furent exilés par le roi Hunéric avec les autres Évêques de l'Afrique en 484, après l'assemblée de Carthage.

CII. — SVFAR. II.

Nous ne connaissons pas la seconde Sufar plus que la première, mais la notice nous montre qu'elle appartenait aussi à la Maurétanie césarienne.

ROMAIN. Cet Évêque est porté le quatre-vingt-septième sur la liste des Évêques de la Maurétanie césarienne et il est appelé, comme Victor, Évêque de Sufar, sans qualificatif. Il faut donc admettre qu'il y avait, dans cette province, deux Sufar. Sans doute, ainsi que nous l'avons dit plus haut, il peut y avoir erreur dans la notice, il peut aussi y avoir erreur dans le nom. Pour une raison que nous ignorons, il peut y avoir eu en même temps deux Évêques dans la même ville. Antérieurement, il avait été décrété, au sujet des Évêques donatistes qui se repentiraient, que, *s'ils revenaient à l'unité catholique, les* *diocèses où les deux partis avaient existé simultanément seraient divisés en parties égales, c'est-à-dire qu'une des localités qui les composaient, appartiendrait à l'un des deux Évêques et une partie à l'autre, et cela dans les conditions que le plus ancien dans l'épiscopat ferait le partage et que le choix serait laissé au plus jeune* [1]. C'est pourquoi saint Augustin, parlant de la conversion des Donatistes, écrivait à Boniface [2] : *Qu'ils viennent à la véritable Église du Christ, c'est-à-dire, à notre mère, l'Église catholique, qu'ils y soient clercs, qu'ils y soient Évêques pour son utilité, après avoir été ses adversaires avec hostilité*. Ce temps des divisions, du reste, était passé. Ajoutons que l'un ou l'autre Évêque a pu être appelé de Sufar, par contraction, pour Sufasar, dont nous allons parler.

CIII. — SVFASAR.

D'après l'Itinéraire d'Antonin, Sufasar était situé à dix-neuf milles de Malliana et à quinze milles de Velisci, à seize milles d'Aquæ et à la même distance de Caput cella. Il a été, dès lors, facile de reconnaître Sufasar dans les ruines d'Amoura, qui dominent la vallée du Chélif. Les ruines sont importantes ; elles s'étendent sur un plateau appuyé contre des collines. On y remarquait une forte-

---

[1] Cod. eccl. afric. can. 118.
[2] Ep. 185. n. 46.

resse byzantine de quatre cents pas sur trois cents, un aqueduc qui amenait dans la ville les eaux d'Aïn Tolba et une nécropole située au sud de la ville. Des villas étaient disséminées aux environs, sur les deux rives du Chélif.

L'anonyme de Ravenne mentionne Sufasa qui peut fort bien être une erreur de copiste pour Sufasar.

REPARAT. Il assista, dans les rangs des catholiques, à la Conférence de Carthage de 411. Après la lecture de sa souscription, il rendit de son église ce témoignage [1] : *Elle n'a point d'opposant, celui qui y était n'y est plus.* Le diacre donatiste Habetdeum en donna cette explication : *il vient de mourir, modo recessit.* Le diocèse de Réparat s'étendait sans doute au loin, car lorsque l'évêque donatiste de Numidia se vanta ensuite de n'avoir point chez lui de traditeurs, Réparat ajouta [2] : *C'est mon diocèse, j'ai là un prêtre ; il y veille comme vous.* Nous ferons remarquer que, à cette époque, les diocèses qui n'avaient point d'Évêque catholique, appartenaient à ceux qui y envoyaient leurs prêtres.

CIV. — SVMMVLA.

La notice de 482 indique que Summula était une ville de la Maurétanie césarienne. Nous ne voyons pas cette ville mentionnée par les anciens géographes.

[1] Cogn. 1. 135.
[2] Cog. 1. 208.

QVODVVLTDEVS. La notice le porte le cent quatrième sur la liste des Évêques de la Maurétanie césarienne qui se rendirent à Carthage pour l'assemblée de 484 et furent ensuite exilés par ordre du roi Hunéric avec leurs autres collègues. L'annotation *probatus* jointe au nom de Quodvultdeus nous apprend qu'il mourut pour la foi loin de son siège.

CV. — TABADCARA.

Nous savons aussi, par la notice de 482, que Tabadcara était une ville de la Maurétanie césarienne. Mais les géographes ne nous en disent rien. Seul, l'anonyme de Ravenne mentionne la ville de Tababac entre Auzia et Sitifis.

CRISPIN. La notice le nomme le cent troisième parmi les Évêques de la Maurétanie césarienne que le roi Hunéric exila avec leurs autres collègues, après la réunion de Carthage, en 484.

CVI. — TABLA.

Tabla appartenait à la Maurétanie césarienne, comme nous l'apprenons de la notice. Il y avait une ville frontière nommée Tablata, et citée par la notice de l'Empire entre Columnata et Caput cella. A son nom est ajoutée l'image d'un castellum. C'est probablement le même que la cité épiscopale de Tabla.

QVODVVLTDEVS. Il figure le soixantième sur la liste des Évêques de la Maurétanie césarienne qui se rendirent en 484 à la réunion de Carthage et que le roi Hunéric fit ensuite exiler. La note *probatus* jointe à son nom indique que Quodvultdeus mourut pour la foi loin de son siège.

CVII. — TABORENTA.

La notice de 482 indique que Taborenta était dans la Maurétanie césarienne, mais les géographes n'en parlent pas. Elle a pu laisser son nom au Tafrent qui est au-delà de Saïda dans la province d'Oran.

VICTOR. Il figure le dix-huitième sur la liste des Évêques de la Maurétanie césarienne qui se rendirent en 484 à la réunion de Carthage et furent ensuite envoyés en exil par l'ordre du roi Hunéric avec les autres Évêques d'Afrique.

CVIII. — TABVNIA.

La notice nous apprend que Tabunia appartenait à la Maurétanie césarienne. Il y avait une Tubunæ dans la Numidie, à l'est des Salinæ Tubunenses, ou bassin du

Hodna. En outre, la Maurétanie césarienne avait aussi une ville épiscopale de Tubuna. Celle-ci devait se trouver aussi dans le voisinage du même Chott, sur sa rive occidentale qui touchait à la Maurétanie césarienne. Nous ignorons s'il y a quelque rapport entre Tabunia et Tubuna et si ces deux noms sont exacts, puisque nous n'avons pour les contrôler qu'un seul manuscrit.

QVINTVS. Il figure le cent neuvième parmi les Évêques de la Maurétanie césarienne qui, sur la convocation du roi Hunéric, se rendirent à la réunion de Carthage en 484 et furent ensuite exilés avec les autres Évêques par ordre de ce prince. La note *probatus* ajoutée à son nom indique que Quintus mourut pour la foi loin de son siège.

CIX. — TADAMATA.

C'est encore un nom berbère, comme tant d'autres, selon que l'indiquent la lettre initiale et la finale du mot. La notice de 482 montre, d'autre part, qu'elle était dans la Maurétanie césarienne. Elle est probablement représentée par Tadmit, ancien poste romain, dont l'importance est toujours considérable. La tradition locale a conservé des souvenirs de la conquête arabe sur les romains de cette région avancée et voisine de Laghouat.

DAVID. Il figure le cent cinquième sur la liste des Évêques de la Maurétanie césarienne qui se rendirent à Carthage pour la réunion de 484 et furent ensuite exilés par ordre du roi Hunéric.

CX. — TAMADA.

La Maurétanie Tingitane avait une rivière appelée Tamuda ; mais il est certain que la notice de 482 attribue Tamada à la Césarienne. Les géographes ne paraissent pas avoir parlé de cette ville.

ROMAIN. Il figure le centième sur la liste des Évêques de la Maurétanie césarienne qui se rendirent à la réunion de Carthage en 484 et furent ensuite exilés par le roi Hunéric avec tous leurs autres collègues. A son nom est jointe la note *probatus,* par laquelle nous apprenons que Romain mourut pour la foi en exil.

CXI. — TAMAZVCA.

Nous avons parlé de Majuca, qui doit être distinguée de Tamazuca. Nous avons également mentionné avec Ammien Marcellin [1], le fundus Mazucanus qui se trouvait

[1] 29. 5.

entre Auzia et Césarée. Une inscription, de l'époque de Septime Sévère, trouvée dans les ruines de Grimidi, au-delà d'Auzia, est peut-être relative aux habitants de Tamazuca, (Tamazu) censibus [1]. Notons encore le Præsidium Tamaricetum qui, selon l'Itinéraire d'Antonin, devait se trouver au Fondouk actuel, dans la plaine de la Mitidja.

LVCIVS. Il figure le dernier, c'est-à-dire le cent vingtième sur la liste des Évêques de la Maurétanie césarienne qui, sur la convocation du roi Hunéric, se rendirent en 484 à la réunion de Carthage et furent ensuite avec les autres Évêques condamnés à l'exil.

CXII. — TANARAMVSA.

Comme l'indique la notice, Tanaramusa, autrement Ternamusa, était une ville de la Maurétanie césarienne. L'Itinéraire d'Antonin place le Tanaramusa Castra à seize milles de Præsidium Tamaricetum et à seize milles de Velisci. Il a donc été possible de la reconnaître dans les ruines d'El Hadjeb, près de Mouzaïa. On distingue aujourd'hui Mouzaïa-ville et Mouzaïa-les-Mines. Peut-être aussi jadis, y avait-il deux Tanaramusa, comme il y avait deux Tigava et deux Rapida à peu de distance. Nous observerons encore que Mouzaïa représente la seconde moitié du nom ancien. Nous avons dit, à l'article de Ceramusa de

---

[1] Rev. Afric. 1888. p. 246.

Numidie, et nous remarquerons, à l'article de Cedamusa de la Sitifienne, qu'il y a dans le terme Musa une signification identique pour ces trois localités, probablement celui de *mines*. Quant au nom de notre ville, il a été bien altéré dans les monuments ecclésiastiques, évidemment par la faute des copistes. Mais une inscription, découverte à Berrouaguïa, le fixe comme il suit [1] :

IMPERATORI .
CAESARI. L. SEP
TIMIO SEVERO
PIO PERTINA
CI AVGVSTO
ARABICO ADI
ABENICO PAR
THICO MAXI
MO PATRI PA
TRIAE T. AELI
VS ZABIDVS
TANARAMVSANVS P
DEDIt.

Les ruines d'El Hadjeb, au fond de la plaine de la Mitidja, sont importantes. Tanaramusa avait une enceinte de murs qui fut renouvelée sous l'empereur Constance, ainsi que le montre l'inscription suivante [2] :

sal VIS. D. D. N. N.
qui nuNC FLORENT CONSTANTIO
aug. nostRO HOC II. CONSTANTIO
Caes nostro CVNCTA COMITVM
executus IVSSA NOVA MOENIA
num INE IVVANTE REFICIT
ordo cuM POPVLO LOCO
re IP CVNCTO

[1] Corpus. 9235.
[2] Ibid. 9282.

Mais ce sont les monuments chrétiens d'El Hadjeb qui sont surtout remarquables pour nous. On y a, en effet, découvert une basilique de vingt mètres de longueur sur dix mètres de largeur. Elle est partagée en trois nefs formées par une double colonnade et terminée par une abside. C'est au milieu de celle-ci que se trouvaient les tombeaux de deux Évêques dont nous parlerons plus bas. La basilique porte encore le nom de Kenisa ou église.

Sur une poterie très curieuse de Tanaramusa on voyait le dessin de plusieurs guerriers avec ce texte [1] :

ORATIONIBVS SANTORVM PE
RDVCET DOMINVS

Cette invocation se rapporte aux saints dont les reliques étaient vénérées à Tanaramusa.

Nous signalerons aussi une lampe thuribule en bronze et une colombe également en bronze, destinée peut-être à conserver la sainte Eucharistie.

Les mines de Mouzaïa sont à douze kilomètres d'El Hadjeb. Il y a là des traces de christianisme et des grottes appelées grottes des chrétiens.

SARMENTIVS. Il était donatiste et il assista, en 411, avec ceux de sa secte, à la Conférence de Carthage où, à l'appel de son nom, il dit [2] : *J'ai donné mandat et j'ai souscrit.* Et il ajouta : *Que l'on écrive dans les actes que je n'ai point de compétiteur dans mes populations.* Cet Évêque, avant Baluze, était dit de Cernamusa, autrement Cerramusa. Cet auteur, avec grande raison, a corrigé ce mot. Car, Ceramusa qui se trouvait en Numidie

---

[1] Corpus. 9285.
[2] Cog. 1. 180.

comptait un Évêque catholique qui était sans compétiteur[1].

DONAT. La notice l'inscrit le trente-septième parmi les Évêques de la Maurétanie césarienne qui se rendirent à la réunion de Carthage en 484 et de là furent envoyés en exil sur l'ordre du roi Hunéric.

Est-ce l'épitaphe de cet Évêque qui a été retrouvée dans la basilique de Tanaramusa? Le nom manque, mais la date peut se rapporter à lui, si l'on observe que la notice fut dressée en 482, que les Évêques qui y sont mentionnés furent exilés en 484 et que les annotations furent faites à la même notice vers l'an 490, alors que l'Évêque exilé par Hunéric n'avait pas encore rendu son âme à Dieu.

Mais il peut s'agir aussi d'un Évêque appartenant à un autre siège et qui aurait été exilé à Tanaramusa. Voici, du reste, l'épitaphe en question[2] :

muLTIS EXILIIS
PROBATVS ET FIDEI
CATHOLICAE ADSER
TOR DIGNVS INVENTVS
IMPLEVIT IN EPISCOPATV
AN. XVIII. M. II. D. XII ET OCCI
SVS EST IN BELLO MAVRO
RVM ET SEPVLTVS EST DIE
VI ID. MAIAS P CCCCLVI   a. 495.

Plusieurs fois nous avons parlé du terme *probatus* ajouté au nom de plusieurs Évêques de la notice de 482. Ici nous en avons une explication claire et indiscutable.

[1] Cog. 1. 133 et 134.
[2] Corpus. 9286.

Notre texte éclaire vivement les assertions de Victor de Vite et de plus il nous fait connaître une guerre que les Vandales soutinrent contre les Maures en 495.

Une autre épitaphe, trouvée dans la même basilique, est beaucoup plus mutilée. On y lit[1] :

```
—   ———   ODI —
—   ———   SCIT —
—  TACIIS  EPS —
   ————    ON —
```

[1] On peut lire Emptacius episcopus.

CXIII. — TASACCVRA.

Tasaccura est attribuée par la notice à la Maurétanie césarienne.

L'Itinéraire d'Antonin l'y place également, mais avec une légère variante, car il la nomme Tasacora. Il la met à vingt-cinq milles de Regias et à dix-huit milles de Castra Nova. L'anonyme de Ravenne, d'autre part, cite Tasacora entre Castra Nova et Dracones et de plus il nous apprend que la rivière de Tasacora coulait entre la Sira et l'Issaris. Dès lors, il ne peut être douteux que Tasacora ne soit représentée par la ville actuelle de Saint-Denis du Sig et que le Sig ne représente la rivière de Tasacora. Et en vérité, les ruines de la cité antique se voient à un kilomètre de Saint-Denys, sur la rive gauche de la rivière. Une inscrip-

[1] Corpus. 9287.

tion qu'on y a trouvée nous semble confirmer pleinement toutes ces données [1] :

> NVMINI tasacCOrae
> GENIO . FLVMI
> NIS ———

La partie haute de la rivière est désignée sous le nom d'Oued Mekerra qui rappelle l'ancienne appellation, laquelle serait bien Tasacora, autrement Tasaccora, et non Tasaccura, comme porte la notice de 482.

Sa nécropole a fourni des épitaphes chrétiennes. En voici un spécimen [2] :

> MEMORIAE IV
> LIAE PVLLAE QV
> I NOS PRE c ES
> SIT IN PACE DOM
> VIXIT ANNI PMXV
> ET DISC....IDVS AV
> GVST ANN PRO CCCCXI   a. 450

POEQVARIVS pour Pecuarius. Il figure le cent huitième sur la liste des Évêques de la Maurétanie césarienne qui se rendirent en 484 à la réunion générale de Carthage et de là furent envoyés en exil avec tous leurs autres collègues. La note *probatus* jointe à son nom indique que Poequarius mourut pour la foi loin de son siège.

---

[1] Corpus. 9749.
[2] Ibid.

CXIV. — TATILTI.

Nous avons ici un exemple frappant des variantes considérables que les manuscrits offrent pour certains noms de villes épiscopales africaines. La notice de 482 qui attribue ce siège à la Maurétanie césarienne le nomme Tifilti, tandis que l'Itinéraire d'Antonin l'appelle Tatilti. Il la place à dix-huit milles d'Aras et à quarante-quatre milles d'Auzia. Que l'Itinéraire ait écrit correctement le nom de Tatilti, c'est ce que prouvent plusieurs bornes milliaires de la route. L'une d'elles porte ce qui suit [1] :

CVrANTE SAl
LVSTIO VIC
TORE PROCVR
eIVS AB A ras
TATILTI M p.
VI

La restitution de la dernière partie du texte est certaine, car la borne était en place et elle est complétée par les bornes voisines. De la sorte, nous pouvons retrouver les restes de la ville de Tatilti sur la rive gauche de l'Oued Tarfa, près de Souk el Khemis. On y remarque une basilique de vingt-six mètres de longueur sur quinze mètres de largeur divisée en trois nefs par deux rangs de colonnes et terminée en abside. Elle est remplie de sépultures. Plusieurs inscriptions de Souk el Khemis montrent que Tatilti eut le titre de Colonie [2].

[1] Corpus, 10438.
[2] Eph. v. n. 1299.

DONAT. Il figure le quinzième sur la liste des Évêques de la Maurétanie césarienne que le roi Hunéric, après la réunion de Carthage, en 484, condamna à l'exil avec leurs autres collègues.

CXV. — TIGAMI BENA.

Nous avons fait remarquer plus haut qu'il y avait deux villes appelées Tigava, autrement Tigaba. Elles portaient le nom de Tigava Municipium et de Tigava Castra. Il sera question du municipe ci-après. Le Castra Tigava se trouvait au Pont du Chélif, entre Oppidum Novum et Malliana. C'est peut-être de cette localité qu'il s'agit puisque la notice mentionne un Évêque de Tigava et un autre de Tigamibena. Les actes du Concile de Carthage de 407 portent Thigabena et Thigabensia en parlant de Primosus de Tigava.

MAXENCE. La notice de 482 le cite le trente-quatrième parmi les Évêques de la Maurétanie césarienne qui, sur la convocation du roi Hunéric, se rendirent à la réunion générale de Carthage en 484 et furent ensuite exilés avec leurs autres collègues. La note *probatus* ajoutée à son nom indique que Maxence mourut pour la foi loin de son siège.

CXVI. — TIGAVA.

Tigava de Pline était une ville de la Maurétanie césarienne.

L'Itinéraire d'Antonin en fait un municipe situé entre Castellum Tingitii et Oppidum Novum, à vingt-deux milles du Castellum et à trente-deux milles d'Oppidum. Il place Tigava Castra à deux milles d'Oppidum Novum et à seize milles de Malliana. Les ruines du municipe de Tigava portent aujourd'hui le nom de Kherbe, qui est l'équivalent de Henchir et de Benian et signifie ruine. Elles s'étendent sur les deux rives du Chélif, mais principalement sur la rive gauche. Plusieurs milliaires retrouvés au troisième et au quatrième mille à partir de Kherbe dans la direction d'Oppidum Novum confirment cette identification. Sur l'un d'eux qui a porté successivement plusieurs inscriptions, nous lisons [1] :

```
        DOMI
        NONI
       MP CAES
      C IVLIO VE
      RO MAXIM
      INO PIO F
       ELICE AV
      G PONT M
       AX TRIB
       POT P P
      A TIGAVI
         III
```

[1] Inédit.

Plusieurs de ces milliaires sont de l'époque chrétienne et portent en tête le monogramme du Christ, ce qui, du reste, n'est pas rare en Maurétanie et en Numidie.

Les restes de la basilique chrétienne de Tigava sont des colonnes avec leurs chapiteaux et une mosaïque qui doit provenir du baptistère. On y lit[1] :

> TV MODO FRVMENTI
> DOMITO VIRTVTE
> REBELLI
> RESPICIS AC REPARAS
> DVMIS CONTECTA
> LAVACRA

Frumence peut être le nom d'un Évêque de Tigava, qui aurait fait restaurer le baptistère détruit après une incursion des Barbares.

Sur une grande dalle, nous lisons l'invocation suivante[2] :

> HIC PAX ☧ AETERNA MORETVR

Un grand dolium trouvé avec quantité d'autres offre sur le bord de son orifice des caractères tracés à la pointe. Les premiers mots sont : *ora pro qui fecit*.

De récentes découvertes ont permis d'attribuer à Tigava un illustre martyr, saint Typasius le vétéran.

PRIMOSVS. Il gouvernait l'église de Tigava lorsque fut tenu à Carthage, en 407, le onzième Concile de ceux d'Aurèle, appelé aussi le huitième d'Afrique. On y rechercha, en effet, Primosus, comme le montre le quatre-vingt-

---

[1] Corpus. 10946.
[2] Corpus. 10947.

dix-septième canon du recueil, et on y dit que les Évêques de la Maurétanie césarienne *témoignèrent qu'ils avaient chargé les notables de Tigava de lui remettre leurs lettres de convocation, où ils le sommaient, conformément aux instructions de leurs* principes ou *notables, de se trouver présent au Concile plénier,* et qu'il ne s'y trouva pas [1]. Ce même Primosus n'assista pas non plus à la Conférence de Carthage, soit qu'il eût voulu encore une fois éviter d'être jugé, soit qu'il ne fût plus de ce monde.

PALLADE. Il fut du nombre des Évêques qui se rendirent à Césarée, en 418, pour y assister à la discussion que saint Augustin devait avoir avec le donatiste Émérite [2]. Il se rendit avec les autres à la salle de réunion, comme en témoigne saint Augustin, et il assista à cette conférence.

CRESCENT. Il figure le soixante-huitième sur la liste des Évêques de la Maurétanie césarienne qui, après la réunion de Carthage, en 484, furent condamnés à l'exil par le roi Hunéric avec tous leurs collègues.

CXVII. — TIGISI.

L'Itinéraire d'Antonin place Tigisi entre Rusuccuru et le municipe de Bidil ; il la met à douze milles de Rusuccuru et à vingt-sept milles de Bidil. D'autre part, la table

---

[1] Hard. 1. 922.
[2] De gest. cum Em. 1.

de Peutinger la place à trente-deux milles de Syda, tandis que l'anonyme de Ravenne la nomme entre Bidda et Repetiniana. C'est donc au village actuel de Taourga qu'il faut reconnaître Tigisi. On y voit les ruines d'une cité, d'une citadelle située sur la hauteur d'Afir, des bas-reliefs, des colonnes, des tombeaux, une fontaine, etc. Tigisi de Maurétanie est moins connue que son homonyme de Numidie ; mais, plus heureuse que celle-ci, elle subsiste encore.

SOLEMNIVS. Il se rendit en 411 à la Conférence de Carthage, mais un peu plus tard que les autres, à moins qu'on n'aime mieux dire qu'il fut empêché pour une autre cause de souscrire en personne. Il est certain que son nom fut produit avec une formule différente des autres et dans les termes suivants :

Moi[1] *Restitut, évêque* (de Rapidi ou de Rapida Castra, voisin de Tigisi), *en présence du clarissime tribun et notaire Marcellin, j'ai donné mandat pour ce qui est ci-dessus et j'ai souscrit à Carthage pour mon collègue Solemnius, évêque de Tigisi.* Ce même Restitut de Rapidi avait déjà souscrit pour l'Évêque de Mammilla, de la même province[2]. Solemnius semble ensuite avoir ajouté : *Pascase est mon adversaire.* Ce dernier se présentant, dit : *Je le connais.* Puis, à l'appel parmi ceux de sa secte, il dit[3] : *J'ai donné mandat et j'ai souscrit.* Mais il est appelé évêque de Dusi, qui, en vérité, ne peut être qu'une erreur de copiste, suffisante, au reste, pour expliquer plusieurs autres erreurs du même genre que nous avons signalées.

[1] Cog. 1. 135.
[2] Ibid.
[3] Ibid. 197.

PASSITANVS. La notice le cite le vingt-septième sur la liste des Évêques de la Maurétanie césarienne qui, s'étant rendus, en 484, à la réunion de Carthage, furent envoyés en exil par ordre du roi Hunéric.

CXVIII. — TIMICI.

La ville que Pline nomme avant Tigara et Ptolémée avant Pomaria, c'est-à-dire, Timici, se trouvait dans la Maurétanie césarienne. Elle est attribuée à la même Province par la notice de 482, mais on ne sait rien à son sujet et ce serait téméraire de l'identifier avec Timsionin, d'après simple apparence de ressemblance dans les noms.

VICTOR. Il appartient à l'année 411, où il prit part, dans les rangs des Évêques catholiques, à la Conférence de Carthage. Après la lecture de sa souscription, il dit[1] : *J'ai Optat pour compétiteur.* Celui-ci s'avançant alors dit : *C'est bien lui.* Puis, appelé parmi les Donatistes, il ajouta[2] : *J'ai donné mandat et j'ai souscrit.*

HONORAT. La notice le cite le sixième sur la liste des Évêques de la Maurétanie césarienne que le roi Hunéric réunit à Carthage en 484 et qu'il fit tous exiler avec les autres Évêques convoqués.

---

[1] Cog. 1. 135.
[2] Ibid. 197.

CXIX. — TINGARIA.

Tingaria n'est pas connue, à moins qu'on n'y voie le Castellum Tingitii dont nous avons parlé plus haut. Elle appartenait certainement à la Maurétanie césarienne, mais en 482, elle n'avait point d'Évêque, car la notice nous apprend que cet Évêché était vacant.

CXX. — TIPASA.

La Maurétanie césarienne eut, comme la Numidie, une Tipasa déjà dotée du droit latin, au temps de Pline. Ni l'une ni l'autre, du reste, n'avait de qualificatif pour la distinguer. L'Itinéraire d'Antonin place Tipasa de Maurétanie entre Césarée et Casæ Calventii et il lui donne le titre de colonie. Ptolémée la nomme entre Césarée et Via. Ammien Marcellin parle de cette ville et nous savons, en effet, par les actes de sainte Salsa, illustre vierge et martyre de Tipasa, que le rebelle Firmus tenta de s'emparer de cette ville. Elle est mentionnée par Julius Honorius et par l'anonyme de Ravenne.

Saint Optat expose en ces termes les excès nombreux et atroces commis à Tipasa par les Donatistes contre les catholiques sous l'empire de Julien l'Apostat[1] : *Rappel-*

---

[1] De schism. 2. 18.

lerai-je Tipasa, ville de la Maurétanie césarienne ? Urbain de Forma et Félix d'Idicra, deux torches enflammées de haine, y accoururent de la Numidie pour bouleverser les esprits qui y étaient dans le calme et dans la paix. Grâce au concours et à la faveur de quelques magistrats et à la présence du Præses Athenius et de ses étendards, le peuple catholique fut violemment dispersé et massacré; on l'expulsa de ses demeures; on maltraita des hommes; on entraîna les matrones de force, on massacra des enfants, on fit avorter des mères.

Les habitants de Tipasa n'eurent pas moins à souffrir sous le roi Hunéric. Quand ils se virent imposer un Évêque Arien, la majeure partie passa en Espagne; mais ceux qu'on arrêta dans leur fuite ayant repoussé avec un courage intrépide et généreux les flatteries comme les menaces des Ariens, virent tomber sur eux la colère du roi, lequel, selon Victor de Vite [1], *envoya un comte dans sa fureur, avec ordre de leur couper la main droite et la langue jusqu'à la racine devant tout le peuple de la province réuni au milieu du forum. Cela fut fait, mais par la grâce de l'Esprit Saint, ils parlèrent et parlent encore comme ils parlaient auparavant. Si on refuse de le croire, on peut se rendre, même maintenant, à Constantinople et l'on y trouvera le sous-diacre Reparat, l'un d'eux, qui s'exprime correctement, sans aucune peine. Pour ce motif il est en grand honneur au palais de l'empereur Zénon et la reine, en particulier, le traite avec une singulière vénération.*

---

[1] Pers. Vaud. 5. 6.

Tipasa a conservé son ancien nom, car on la nomme Tefased en berbère ; un village a été élevé sur ses ruines. Son nom se lit sur ses monuments [1] :

>M. COCCEIO
>ROMANO EQ R
>P. P. OB INSIG
>NEM ERGA REMP
>AMOREM ET DE
>FENSIONEM
>QVAM PATRI
>AE AC CIVIBVS
>SVIS EXHIBET
>DECC. COL. TIP
>EX. DEC. OR
>DINIS. P. D.

La pierre ornée de ce texte se voit au Fort de l'Eau près Alger, où elle a été portée. Un monument de Cordoue porte l'inscription suivante [2] :

>A ⚹ PO
>FL. HYGINO. V. C. COMITI
>ET PRAESIDI. P. M. C.
>OB MERITA IVSTITIAE
>EIVS TABVLAM PATRO
>NATVS POST DECVRSAM
>ADMINISTRATIONEM
>ORDO. TIPASENSIVM
>OPTVLIT

Tipasa, ville maritime, possédait et possède encore un petit port. On peut suivre le périmètre de son enceinte et distinguer plusieurs de ses monuments qui attestent une ville importante. Ses édifices religieux méritent d'être si-

---

[1] Corpus. 9290.
[2] Corpus. 2. 2110.

gnalés. Le promontoire de l'ouest, qui porte le nom de Ras el Kenicia ou de l'Église, offre les restes d'une grande basilique ornée de mosaïques. Dans le baptistère, nous lisons ce qui suit [1] :

   SI QVIS. VT. VIVAT.
   QVAERIT. ADDIS
   CERE. SEMPER.
   HIC. LAVETVR.
   AQVA. ET. VIDEAT
   CAELEST ia regna

La basilique du cimetière de l'est est mieux conservée. C'est celle qui possédait le tombeau de sainte Salsa. Sur la tombe en mosaïque nous lisons [2] :

  MVNERA QVAE CERNIS QVO
  SANCTA ALTARIA FVLGENT
  his sumptus lABORQ. INEST CVRA
  que PotENTI. CREDITVM
  sibique gauDET PERFICERE MVNVS
  MArtyr HIC EST SALSA DVLCIOR
  NECTARE SEMPER. QVAE MERVIT
  CAELO SEMPER HABITARE BEATA
  RECIPROCVM SANCTO gauDENS
  MVNVS IMPERTIRE POTENTIO MERI
  TVMQ. EIVS CELORVM REGNO PRObabiT

Potentius vint en Afrique en 446 comme légat du Saint-Siège.

Dans la nécropole de l'ouest comme dans celle de l'est et dans les deux basiliques dont nous venons de parler on

---

[1] Eph. v. 1304.
[2] Inédit.

a trouvé des monuments de toute sorte, des sarcophages, des épitaphes, etc.

La nécropole de l'ouest a, de plus, une basilique très remarquable que nous appellerons la basilique de l'évêque Alexandre. L'autel se trouve à l'opposé de l'abside, comme dans la basilique de Castellum Tingitii. Le sol est tout couvert de mosaïques. Sous les mosaïques se trouvent de nombreuses sépultures.

Une inscription en mosaïque nous fait connaître ce qu'étaient quelques-unes des dites sépultures. Elle porte ce qui suit :

> Hic ubi tam claris laudantur mœnia tectis
> Culmina quod nitent sanctaque altaria cernis
> Non opus est procerum set tanti gloria facti
> Alexandri rectoris ovat per sæcula nomen
> Cujus honorificos fama ostendente labores
> *ustos* in pulchram sedem gaudent locasse *priores*
> Quos diuturna quies fallebat posse videri
> Nunc luce præfulgent subnixi altare decoro
> Collectamque suam gaudent florere coronam
> Animo quod sollers implevit custos honestus
> Undiq. visendi studio christiana ætas circumfusa venit
> Liminaque sancta pedibus contingere læta
> Omnis sacra canens sacramento manus porrigere gaudens

Le texte offre une importance capitale pour l'étude de l'antique discipline de l'Église, particulièrement en Afrique. Mais quels sont ces anciens Justes ?

Ce sont peut-être les premiers Évêques de Tipasa. Leurs tombeaux placés sous l'autel étaient l'objet de nombreux pèlerinages. Les pèlerins y assistaient aux saints mystères et se pressaient en foule pour recevoir entre leurs mains le corps sacré du Sauveur.

Nous citerons une autre épitaphe remarquable, située dans une nef de la basilique.

HIC IACET REGIA MERITIS ET GRATIA MORVM
NOBILIS ET ATAVIS CLARISSIMA FEMINA MAGNIS
HEV MEMORANDA BONIS ASTANIA DIGNISSIMA CAELO
CONCORS BLANDA DECENS REGVMEN FIDELE SVORVM
HAEC BONA FAMILIIS MATER PIA SEDVLA CONIVX
HIC CORPVS POSVIT SEDEM DICAVIT IN ASTRIS

Un autre texte accompagnait l'épitaphe de la patricienne Astania. Nous y lisons :

CLAVSVLA IVSTITIAE EST
MARTVRIVM VOTIS OPTARE
HABES ET ALIAM SIMILEM AE
LEMOSINAM VIRIBVS FACERE

Il serait trop long d'énumérer tous les autres monuments chrétiens de Tipasa. Voici la liste des Évêques connus de cette ville.

REPARAT. Il figure le quatre-vingt-dix-neuvième sur la liste des Évêques de la Maurétanie césarienne que le roi Hunéric après la réunion de Carthage en 484 fit exiler avec tous leurs autres collègues. La note *probatus* ajoutée à son nom nous apprend que Reparat mourut pour la foi loin de son siège.

La découverte de la basilique des *justi priores* dont nous avons parlé nous a appris le nom d'un autre Évêque de Tipasa, plus ancien probablement que le précédent. C'est l'Évêque

ALEXANDRE dont l'épitaphe en mosaïque occupe le centre de la grande nef, en avant de l'abside. On peut y lire :

Alexander episcopus legibus ipsis et altaribus natus
Ætatibus honoribusque in æclesia catholica functus
Castitatis custos karitati pacique dicatus

> Cujus doctrina floret innumera plebs Tipasensis
> Pauperum amator ælemosinæ deditus omnis
> Cui nunquam defuere unde opus cæleste fecisset
> Hujus anima refrigerat corpus hic in pace quiescit
> Resurrectionem expectans futuram de mortuis primam
> Consors ut fiat sanctis in possessione regni cælestis

Nous avons rapporté plus haut la dédicace du recteur Alexandre, le pieux Évêque, en l'honneur de ses prédécesseurs, les *justi priores* de Tipasa.

Une autre mosaïque, celle de l'autel, donne à Alexandre le titre de saint. Elle est malheureusement presque tout entière mutilée.

> Concilium fidei sacrari(um karitatis spei fortitudo)
> Clarus amor pat(riæ in eo eluxit cui) nomen
> Sanctu(s A)lexand(er episcopus qui nos præ)cessit
> Futu(ram resurrection)em e(xpectans a Deo multa d)onatus
> etc.

C'était assurément un pontife remarquable, apôtre zélé de son peuple et qui a dû exécuter les grands travaux, dont il est question dans les textes qui précèdent, au temps du triomphe de la foi et de la paix de l'Église en Afrique.

Tipasa, ville importante, eut, à n'en pas douter, une longue série de pasteurs. Nous ne connaissons cependant que les saints Évêques Reparat et Alexandre.

Plus tard, cette ville eut des Évêques titulaires qui sont :

François Serrano, 22 septembre 1745 ;

Jérôme de saint Joseph, 15 mai 1752 ;

Joseph Joachim Justinien Mascarenhas Castello Branco, 20 décembre 1773 ;

Joachim de Souza Larayva, 20 août 1804 ;

Joseph Angelius Fazius a Pianella, 18 avril 1836;
Joseph Bravi, 1er août 1849 ;
Louis Elloy, 6 août 1863 ;
François Lichtensteiger, 13 mai 1881.

CXXI. — TVBIA.

Nous ne savons absolument rien de Tubia et nous pourrions attribuer cette ville à toute autre province qu'à la Césarienne.

FELIX. Il se rendit, en 411, à Carthage, pour la Conférence où, après la lecture de sa souscription, il ajouta en parlant de son Église [1] : *Elle est tout entière catholique*.

CXXII. — TVBVNA.

Outre Tubunæ de Numidie, après Tabunia et Tubia, nous devons accorder aussi à la Maurétanie césarienne l'Évêché de Tubuna. Il ne saurait, du reste, être douteux que ces Évêchés ne se soient trouvés dans le bassin du Hodna, qui représente les anciennes *salinæ Tubunenses* et qui confinait aux trois provinces de Numidie et des

---

[1] Cog. 1. 133.

Maurétanies césarienne et sitifienne. La notice de 482 compte notre Tubuna parmi les sièges qui n'avaient point d'Évêques quand le roi Hunéric voulut enjoindre à tous ceux d'Afrique de se rendre à Carthage. Nous n'avons, comme pour tant d'autres villes d'Afrique, les noms d'aucun des Évêques de Tubuna avant ou après cette date.

CXXIII. — TVRRIS.

Il y eut dans les diverses provinces africaines plusieurs villes connues sous le nom de Turris ou Turres avec ou sans qualificatif. La Maurétanie césarienne avait les siennes, comme nous le voyons par une inscription découverte entre Medéa et Auzia [1].

IMP CAESAR M AVREL COMMODVS
ANTONINVS AVG P GERMANICVS SARMATICVS BRITTANICVS
MAXIMVS SECVRITATI PROVINCIALIVM SVORVM
CONSVLENS
TuRRES NOVAS INSTITVIT ET VETERES REFECIT oPERa
MILITVM suORVM
CL PERPETVO PROC SVO

Il est probable qu'une population plus ou moins groupée et nombreuse vivait à l'abri de ces tours et que celles-ci ont pu donner leur nom à la localité.

[1] Eph. v. 952.

PASCHASE. Il était parmi les Donatistes qui assistèrent, en 411, à la Conférence de Carthage. Il souscrivit après l'Évêque d'Icosium et il est permis de l'attribuer à la Césarienne.

CXXIV. — TVSCAMIA.

La notice attribue Tuscamia à la Maurétanie césarienne, mais elle est jusqu'ici restée inconnue.

MAXIME. Il figure le cent dixième sur la liste des Évêques de la Maurétanie césarienne qui se rendirent en 484 à la réunion de Carthage et furent ensuite exilés avec les autres Évêques par ordre du roi Hunéric.

CXXV. — VAGAL.

La ville de Vagal est placée, dans l'Itinéraire d'Antonin, entre Gadaum Castra et Castellum Tingitii, c'est-à-dire dans la Maurétanie césarienne où la notice de 482 la place également. Vagal étant à dix-huit milles du Castellum Tingitii, actuellement Orléansville, et à la même distance de Gadaum, on a pu la fixer aux ruines voisines de Sidi ben Thiour, sur la rive gauche du Chélif. Il nous semble que Ptolémée la cite sous le nom altéré par les copistes de Vagaï. Le vrai nom paraît dans une épitaphe de Cartennas[1] :

D. M.
CL. VAGA
LITANVS. VI
XIT. ANNO

MIGGIN. Il assista, en 411, parmi les Donatistes, à la Conférence de Carthage et à l'appel de son nom il répondit[2] : *J'ai donné mandat et j'ai souscrit,* sans rien ajouter d'un Évêque catholique.

CLAVDE. Il figure le vingt-sixième parmi les Évêques de la Maurétanie césarienne qui se rendirent en 484 à la réunion de Carthage et furent ensuite par l'ordre du roi Hunéric condamnés à l'exil avec leurs autres collègues.

CXXVI. — VANNIDA.

La notice de 482 nous apprend que Vannida était dans la Maurétanie césarienne. Mais nous ne la connaissons pas. L'anonyme de Ravenne signale la ville de Bambinide dans la région de Sufasar et les noms, dans ce compilateur, sont souvent altérés.

ROGATIEN. La notice le cite le cinquante-deuxième parmi les Évêques de la Maurétanie césarienne que le roi Hu-

---

[1] Corpus. 9673.
[2] Cog. 1. 208.

néric, après la réunion de Carthage, en 484, fit exiler avec les autres Évêques d'Afrique. La note *probatus* ajoutée à son nom indique que Rogatien mourut pour la foi loin de son église.

CXXVII. — VARDIMISSA.

Vardimissa, autrement Bartimisia, faisait partie de la Maurétanie césarienne, selon la notice de 482, mais elle n'est point mentionnée par les géographes à moins qu'on ne la veuille voir dans l'île et le port de Bartas que Scylax met sur le littoral de la Maurétanie césarienne (Βαρτας νησοσ.)

VICTOR. Il se rendit, en 411, à la Conférence de Carthage où, après la lecture de sa souscription, il dit en parlant de son église[1] : *Elle est catholique.* Son témoignage fut confirmé par Habetdeum, diacre de Primien, qui dit : *Nous n'y avons personne.*

BVRCO. La notice le nomme le quarante-cinquième parmi les Évêques de la Maurétanie césarienne qui se rendirent en 484 à la Conférence de Carthage et furent par l'ordre du roi Hunéric condamnés à l'exil avec les autres Évêques. La note *probatus* ajoutée à son nom indique que Burco mourut loin de son siège pour la foi catholique.

[1] Cog. 1. 135.

CXXVIII. — VILLA NOVA.

Excepté Ptolémée qui place un Villacome dans les environs d'Altava, nous n'avons aucun géographe qui nous renseigne sur la position d'une villa quelconque de la Maurétanie césarienne. D'autres localités ont porté, nous le savons, le qualificatif de Nova. Quant à Villa Nova, la notice de 482 l'attribue à la Maurétanie césarienne.

VALENS est le quarante et unième sur la liste des Évêques de la Maurétanie césarienne que le roi Hunéric convoqua à Carthage en 484 et fit ensuite exiler comme tous les autres.

CXXIX. — VISSALSA.

Vissalsa doit être, selon la notice de 482, placée dans la Maurétanie césarienne. D'après les géographes, il y avait une station dite *ad Salsum Flumen,* l'oued Melah des indigènes, dans la même province. Mais existe-t-il un rapport entre la station et l'Évêché de Vissalsa ?

SATVRNIN. La notice le cite le cent treizième parmi les Évêques de la Maurétanie césarienne qui, convoqués par le roi Hunéric à l'assemblée de Carthage en 484, furent bannis avec leurs autres collègues. L'annotation *probatus* ajoutée à son nom indique que Saturnin succomba en exil pour sa foi.

CXXX. — VONCARIA.

Le nom de Voncaria, autrement Boncaria, est inconnu dans les anciens auteurs ; mais la notice nous apprend que cette ville se trouvait dans la Maurétanie césarienne. Elle devait n'être pas éloignée de Voncariana et peut-être ces deux villes sont-elles représentées aujourd'hui par Boghar et Boghari.

FELIX. Il est cité parmi les Évêques donatistes qui, en 411, prirent part à la Conférence de Carthage. A l'appel de son nom il dit :[1] : *J'ai donné mandat et j'ai souscrit*. Il ne paraît pas qu'il y ait eu alors à Voncaria un Évêque catholique.

DONAT. Nous lisons son nom le soixante-deuxième sur la liste des Évêques de la Maurétanie césarienne qui, en 484, se réunirent à Carthage en assemblée générale et de là furent exilés par le roi Hunéric à cause de leur profession de foi catholique.

CXXXI. — VONCARIANA.

Nous avons parlé de Voncariana à l'article précédent. La notice de 482 l'attribue également à la Maurétanie césarienne. Ammien Marcellin dit que le comte Théodose

---

[1] Cog. 1. 208.

avant d'attaquer le rebelle Firmus alla de Sitifis à la station de Panchariana passer la revue des troupes et puis revint à Sitifis[1]. Ceci peut fort bien s'appliquer à Boghari, située dans une grande plaine, au pied de Boghar, qui est encore un poste militaire d'une très grande importance.

VICTOR. Il figure le cent unième parmi les Évêques de la Maurétanie césarienne que le roi Hunéric, après les avoir appelés à l'assemblée de Carthage de 484, envoya en exil avec tous leurs collègues.

CXXXII. — VVLTVRIA.

L'Itinéraire maritime d'Antonin signale une Insula Vulturia sur le littoral de la Proconsulaire au nord ; mais la notice de 482 attribue Vulturia à la Maurétanie césarienne et nous ne connaissons dans cette province que le cap Falco, voisin d'Oran, dont la signification se rapproche de celle de notre ville épiscopale.

REPARAT. Il figure le quatre-vingt-neuvième dans la liste des Évêques de la Maurétanie césarienne qui par ordre du roi Hunéric se réunirent à Carthage en 484 et furent envoyés en exil avec tous les autres Évêques d'Afrique pour avoir professé la foi catholique.

[1] 29. 5.

CXXXIII. — VBABA.

Ubada, autrement Ubaba, ne saurait être confondue avec le Castellum d'Ubaza, situé dans la Byzacène ; car la notice de 482 l'attribue à la Maurétanie césarienne.

INGENVVS. La notice le met le soixante-et-onzième sur la liste des Évêques de la Maurétanie césarienne qui se rendirent à Carthage en 484 pour assister à la réunion convoquée par le roi Hunéric et furent ensuite par l'ordre de ce prince envoyés en exil avec tous les autres Évêques.

CXXXIV. — VSINAZA.

La notice attribue Usinaza, autrement Usinada, à la Maurétanie césarienne et de fait elle a été retrouvée à Saneg, au sud de Boghar, d'après l'inscription suivante [1] :

Imp. cæs. L. Septimius Severus pius pERTINAX AVG. ARABICVS
Adiabenicus Parthicus maximus ponTIFEX. MAXIMVS.
TRIBVNICI
ae pot. xiii imp. xi. cos iii ET
imp. Cæs. m. Aurelius Antoninus pius aVG. TRIB. POT. VII.
COS. II. ET
l. Septinius Geta l. Septimi Severi pii peRTINACIS. AVG. ARABICI
adiab. parth. maxim. pont. max. f. m. aVRELI. ANTONINI.
PII. frater
nobiliss. cæsar............ burguM. VSINAZENSEM. PER
.... proc. CONSTITVERVNT

[1] Corpus. 9228.

On remarque à Saneg, qui est une altération du nom ancien, les restes d'un établissement militaire formant un rectangle de trois cents mètres de longueur sur deux cents de largeur.

DONATIEN. La notice le mentionne le vingt-neuvième sur la liste des Évêques de la Maurétanie césarienne qui se rendirent à l'assemblée générale de Carthage en 484 sur l'ordre du roi Hunéric et furent peu après bannis par ce prince.

CXXXIV. — ZVCCABAR.

Zuccabar est une ville connue de la Maurétanie césarienne. *Plus à l'intérieur*, dit Pline[1], *est la colonie d'Auguste, nommée Succabar*. Ammien Marcellin l'appelle[2] *le Municipe de Sugabar, adossé au mont de Transcella*, le mont Zaccar d'aujourd'hui. Les ruines de Zuccabar se voient sur l'oued Boutan, près d'Affreville. Ptolémée nomme en effet Zuchabbar entre Oppidum Novum et Tigava. Une borne milliaire trouvée à six kilomètres d'Affreville porte[3] :

D. N.
IMP.
L. DO
MITIO
AVREL

[1] Hist. nat. xxxix.
[2] Ibid.
[3] Corpus. 10450.

IANO
AVG.
A. ZVCC.
M. P. IIII

Pour d'autres, Zuccabar serait à Miliana et Malliana serait à Affreville.

MAXIMIEN. Il assista parmi les Évêques catholiques à la Conférence de Carthage en 411. A l'appel de son nom il répondit [1] : *J'ai pour compétiteur Germain,* lequel s'étant avancé dit : *Je le connais.* Puis appelé à son tour parmi les Donatistes il ajouta [2] : *J'ai donné mandat et j'ai souscrit.* Germain est dit évêque de Zugabbar et Maximien évêque de Suboabbur.

ETIENNE. La notice le cite le vingtième sur la liste des Évêques de la Maurétanie césarienne qui se rendirent à Carthage pour l'assemblée de 484 et furent ensuite exilés par ordre du roi Hunéric avec leurs autres collègues.

[1] Cog. 1. 135.
[2] Ibid. 182.

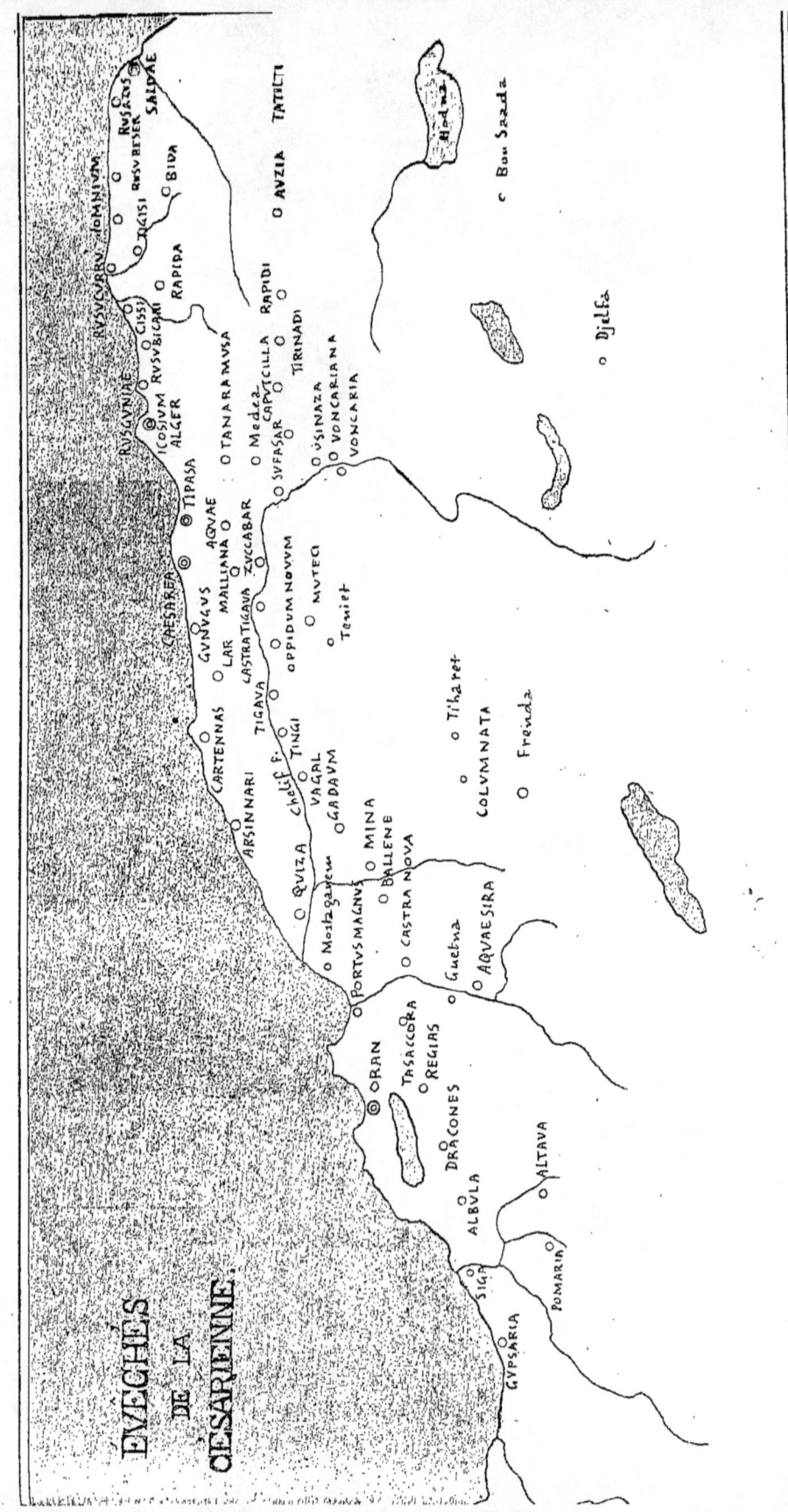

MAURÉTANIE
SITIFIENNE

I. — SITIFIS.

Sitifis, la métropole de la province du même nom, était située entre Gemellæ, Perdices, Satafis et Adsava, comme l'indique l'Itinéraire d'Antonin. Ptolémée lui donne le titre de colonie. Et en effet, elle s'appelait *colonia Nerviana Augusta Martialis Veteranorum Sitifensium*[1]. Sur les milliaires de l'époque de Caracalla nous lisons : *respublica Sitifensium Nervianorum Antoninianorum*[2].

Ces divers titres marquent quelle fut son origine. Elle porte toujours le nom de Sétif et la quantité de monuments de toutes sortes que l'on y rencontre indiquent suffisamment sa splendeur passée.

On vénérait à Sitifis le martyr saint Laurent[3] :

  IN HOC LOCO SANCTO DEPOSI
  TAE SVNT RELIQVIAE SANCTI
  LAVRENTI MARTIRIS DIE III NON
  AVG CONS HERCVLANI VC
  DIE DOMN DEDICANTE LAVRENTIO
  VVS P. MOR DOM AN P CCCCXIII AMEN 3 août 452

On y vénérait aussi les reliques de saint Étienne[4] :

  HIC MM SCOR
  STEFANI ET

[1] Corpus. 8473.
[2] Ibid.
[3] Ibid. 8630.
[4] Ibid. 8632.

LAVRENTI
IVLIANI
POS SVN
XII KL APRL
ABORI ET
SCI STEFANI

De même, on y honorait les saints Juste et Decurius, qui paraissent être des martyrs de Sitifis [1] :

MARTIRIBS SANCTIS PROMISSA COLONICVS INSONS
SOLVIT VOTA SVA LAETVS CVM CONIVGE CARA
HIC SITVS EST IVSTVS HIC ATQ DECVRIVS VNA
QVI BENE CONFESSI VICERVNT ARMA MALIGNA
PRAEMIA VICTORES CRISTI MERVERE CORONAM

Ces martyrs sont attribués à l'Afrique par le martyrologe hiéronymien.

Un autre texte montre l'existence d'un calendrier à Sitifis [1] :

NATALE
DOMINI
CRISTI
VIII KAS
IANVARIAS

Les épitaphes chrétiennes sont nombreuses et attestent que Sitifis avait une colonie d'étrangers, appelés sur leur tombe *Transmarini*.

Saint Augustin entretenait des relations fréquentes avec Sitifis. Il nous apprend que, de son temps, Sitifis fut

---

[1] Corpus. 8631.
[2] Ibid. 8628.

éprouvée par un terrible tremblement de terre et que par crainte de mort deux mille personnes furent alors baptisées[1]. Il dit aussi[2] que Sitifis avait un monastère et une école épiscopale.

SÉVÈRE. Il est mentionné incidemment par saint Augustin dans sa lettre au prêtre Victorien. Cette lettre a été écrite en 409. Saint Augustin parlant des captifs enlevés par les Barbares y dit : *Il y a peu d'années, les Barbares enlevèrent, dans la province de Sitifis, une religieuse, la nièce de l'évêque Sévère, et par un effet admirable de la miséricorde de Dieu, elle fut rendue avec grand respect à ses parents.*

NOVAT. Cet Évêque assista d'abord en 411 à la Conférence de Carthage. Après la lecture de sa souscription il répondit[3] : *J'ai pour opposant Marcien,* lequel s'avança et dit : *Je reconnais mon persécuteur.* C'est ainsi que les Donatistes avaient coutume de qualifier le zèle pour la vérité catholique. Ce même Marcien, appelé à son tour, répondit[4] : *J'ai donné mandat et j'ai souscrit.* Un notaire de l'église donatiste de Sitifis assistait à la conférence[5]. On sait que Novat fut député en 419 par sa province au Concile de Carthage auquel il souscrivit[6]. Il vécut jusqu'en 440, comme le montre son épitaphe qui a été retrouvée et qui s'exprime dans les termes suivants[7] :

[1] Serm. 19. n. 6.
[2] Epist. 84. n. 1.
[3] Cogn. 1. 143.
[4] Ibid. 188.
[5] Cogn. 2. 58.
[6] Hard. 1. 1249.
[7] Corpus. 8634.

HIC IACET ANTIS
TES SCSQVE NOVA·
TVS TERDENOS ET VII
SEDIS QVI MERVIT ANNOS
PRAECESSIT DIE X KAL SEPTB PR CCCCI

Novat mourut donc le 23 août 440 après un épiscopat de 37 années. Saint Augustin, écrivant au comte Darius, en 428, faisait encore à cette époque mention de Novat et disait qu'il avait reçu ses lettres et c'est également de lui que parlait le saint Évêque dans sa lettre au comte Boniface [1]. Rappelant les actes de la Conférence de Carthage, il dit : *Il vous sera peut-être possible de vous en faire lire l'abrégé que je crois entre les mains d'Optat* (de Vescera); *mon frère et coévêque ; et s'il ne l'a pas, il peut l'obtenir facilement de l'Église de Sitifis.* Boniface se trouvait alors à Tubunæ, entre Sitifis et Vescera. Saint Augustin était allé l'y voir.

LAVRENT. C'est celui qui fit la dédicace des reliques de saint Laurent dont nous avons parlé plus haut. Son titre de *viro venerabili sacerdote* ne peut convenir qu'à un Évêque. Il gouvernait donc l'Église de Sitifis en 452 et peut-être fut-il le successeur immédiat de Novat.

DONAT. Il est mentionné le second sur la liste des Évêques de la province sitifienne qui se rendirent à l'assemblée de Carthage en 484 et furent ensuite envoyés en exil par le roi Hunéric avec leurs autres collègues.

OPTAT. Il était contemporain de Boniface de Carthage et s'était rendu en cette ville l'an 525, au Concile célébré

---

[1] Epist. 185. n. 6.

par lui, avec l'intention d'y rester jusqu'à la fin ; mais le roi Hildéric lui en enleva la faculté en le chargeant d'une autre mission. Boniface en parle comme il suit dans sa lettre aux Évêques de la Proconsulaire[1] : *Quant à Optat de Sitifis, notre frère et notre collègue dans l'épiscopat, personne n'ignore qu'il s'est trouvé ici, quoique un ordre royal l'ait forcé à s'absenter. Nous avons cependant confiance qu'il donnera son assentiment à nos décisions, quand il les connaîtra.*

Nous savons, par la notice de l'empereur Léon le Sage, que Sitifis avait encore un Évêque en 883.

II. — ACVFIDA.

La notice des Provinces et cités d'Afrique de l'an 482 montre que la ville d'Acufida se trouvait dans la Maurétanie sitifienne. On n'en trouve, du reste, aucune trace dans les anciens géographes ; mais, à Tizi Kafrida, entre Saldas et Choba, il y avait anciennement un établissement militaire, appelé *Centenarium aqua frigida*. La contraction Acufida pour Aqua frigida ne doit pas paraître plus surprenante que celle de Kafrida pour Aqua frigida. La transcription grecque d'Aquæ Regiæ dans les monuments ecclésiastiques était Acu regensis. Quoi qu'il en soit, nous donnerons ici le texte épigraphique qui atteste l'existence du Centenarium à Kafrida et à Tala Aïzraren[2].

---

[1] Hard. 2. 1075.
[2] Eph. v. 932.

IMPP CAESS. C. AVREL. VAL. DIOCLETIANo
ET. M. AVREL. VAL. MAXIMIANO . IN
VICTIS PIIS FF AVGG ET CONSTAN tio
ET MAXIMIANO NOBILISSI
MIS CAESARIBVS T.AVREL. LITVA
V P P P M.CAES . . CENTENARIUM
AQVA FRIGIDA RESTITVIT AT
QVE AD MELIOREM FACIEM REFORMA
vit salvis Dominis nostris multis annIS FELICITER

A cette époque de Dioclétien, la Sitifienne n'était pas encore distincte de la Césarienne.

IVSTE. Il figure le trente-cinquième dans la notice parmi les Évêques de la province sitifienne auxquels le roi Hunéric, en 484, avait donné l'ordre, ainsi qu'à leurs autres collègues, de s'assembler à Carthage. On a ajouté, au nom de Juste, la note *probatus*, ce qui veut dire, comme dans l'épitaphe d'un Évêque de Tanaramusa mort en 495, qu'il mourut en exil pour la foi catholique.

III. — ALCALA.

La ville d'Alcala, la forteresse, fut fondée, en 1008, par le chef de la dynastie arabe des Hammadites, dans la Maurétanie sitifienne. On y accueillit quantité de chrétiens berbères demeurés fidèles au Christ et qui accoururent même des montagnes de l'Aurès. Cette colonie chrétienne avait un Évêque et une église dédiée à la Vierge Marie [1].

---

[1] Chron. du mont Cassin. Lib. 4. c. 50.

On voit encore les restes de cette cité, qui fut un moment comme la métropole du nord de l'Afrique, sur le Djebel Kiana. Le géographe arabe el Bekri l'a célébrée longuement et nous savons que les princes d'Alcala eurent des relations avec les Souverains Pontifes romains.

En 1114, sous le roi El Aziz, Alcala avait un Évêque qui habitait près de son église, mais nous ignorons le nom de l'Évêque.

IV. — AQVAE ALBAE.

Il existe, dans la province sitifienne, plusieurs localités appelées aujourd'hui en arabe Aïn Beïda, nom qui répond à celui d'Aquæ Albæ et en berbère Aïn Melloul qui a la même signification. Mais nous ignorons si quelqu'une de ces localités répond aux Aquæ Albæ de la notice de 482.

HONORIVS. Il est cité le cinquième parmi les Évêques de la Maurétanie sitifienne qui, pour obéir à l'édit du roi Hunéric, se rendirent à Carthage et furent ensuite condamnés à l'exil avec les autres Évêques qu'énumère la notice.

V. — ARAS.

L'Itinéraire d'Antonin place Aras entre Zabi et Tatilti, à trente milles de Zabi et à dix-huit milles de Tatilti. C'est au ksar Tarmount qu'on a retrouvé cette ville. Les milliaires de la route romaine disent[1] qu'ils furent placés sous l'empereur Alexandre Sévère par

AELIVM DECRI
ANVM VP PROC
SVVM . AB ARAS
M. P. VI

On remarquera que le nom d'Aras est à l'accusatif pluriel comme ceux de Suas, d'Assuras et autres.

Nous attribuons à cette ville l'évêque

SECVNDVS dont le nom est cité parmi ceux des Donatistes dans la Conférence de Carthage en 411. Lorsqu'il fut appelé, il se présenta et dit[2]: *J'ai donné mandat et j'ai souscrit; je n'ai point de compétiteur dans mon peuple.*

VI. — ASSAVA.

C'est le municipe ad Sava, autrement ad Savam ou ad Savum des anciens géographes. L'Itinéraire d'Antonin le met sur la voie de Sitifis à Saldas et le place entre Oliva et Sitifis à vingt-quatre milles de la métropole. La table de Peutinger annonce ad Sava entre Oliva et Tamannuna, à vingt-cinq milles de cette dernière ville, sur la voie de Saldas à Præsidium. L'anonyme de Ravenne écrit Ausaba,

---

[1] Corpus. 10431 à 10438.
[2] Cog. 1. 208.

tandis que les listes ecclésiastiques portent Assaba et Assafa.

C'est le Hammam Guergour, dont les ruines se voient sur la rive droite de l'oued Bou Sellam qui est le Sava ou le Savus des anciens. Il se jette près Saldas dans l'oued Sahel, le Nasava de Ptolémée.

SEXTILIVS. Il assista, en 411, à la Conférence de Carthage et il répondit à l'appel de son nom [1] : *Je suis présent*. Mais l'évêque donatiste Marcien était aussi présent et il ajouta : *Je le connais*. Appelé à son tour il répondit [2] : *J'ai donné mandat et j'ai souscrit*.

VITAL. La notice l'énumère le vingt-quatrième dans la liste des Évêques de la Maurétanie sitifienne. Le roi Hunéric, en 484, le convoqua à Carthage avec tous les Évêques d'Afrique qu'il envoya en exil à cause de leur profession de foi catholique.

VII. — ASVORE MIXTA.

Il est difficile de croire qu'il n'y a point d'erreur dans ce nom qui offre plusieurs variantes. Il pourrait être une corruption de Horrea Aninicia dont nous parlerons en son lieu.

[1] Cog. 1. 128.
[2] Ibid. 198.

ÉMILE. Il figure le trente-sixième parmi les Évêques de la Maurétanie sitifienne qui, en 484, se réunirent avec leurs collègues à Carthage et de là furent envoyés en exil par le roi Hunéric.

VIII. — CASTELLVM.

La notice de 482 montre que la Maurétanie sitifienne avait son Castellum dont nous ignorons le qualificatif, s'il en eut.

Si nous consultons les géographes, nous trouvons chez eux un Castellum de Tamannuna, situé entre ad Sava et Lémellefa et distinct du municipe de Tamannuna.

Un Castellum Dianense ou de Diana, distinct de la ville du même nom qui se trouvait en Numidie, a été découvert sur les ruines de Guellal, à dix-huit kilomètres au sud de Sitifis et à quatre kilomètres d'Aïn Melloul. L'inscription qui nous l'apprend et qui est datée de l'an 234 de la province maurétanienne porte[1] :

IMP. CAES M
AVRELIVS SEVERVS
ALEXANDER INVICTVS.
PIVS FELIX . AVG . MVROS.
KASTELLI DIANESIS EX
TRVXIT PER COLONOS EIVSDE
M KASTELLI
P CLXXXXV

[1] Corpus. 8701.

Ce Castellum devait avoir plus d'importance que le Castellum Victoriæ situé près Igilgili, d'après l'inscription suivante [1] :

```
TERMINI . POSITI . INTER
    IGILGILITANOS . IN
QVORVM . FINIBVS . KAS
    TELLVM . VICTORIAE
POSITVM . EST . ET . ZIMIZ
   VT . SCIANT . ZIMIZES
   NON . PLVS . IN VSVM
  SE . HABER . EX AVCTO
  RITATE . M . VETTI . LA
   TRONIS . PROC . AVG
    QVA . IN . CIRCVITV
    A MVRO . KAST . P
    D . PR . LXXXIX . TOR
QVATO ET LIBONE COS         a. 128.
```

A Aïn Kastellou, près Tasserra et dans la région du Castellum Tamannuna, il y avait autrefois une petite ville.

A Bord Méris, il y avait aussi jadis un établissement qui portait le nom de *Kas(tellum) Turrensi(um)* [2].

A laquelle de ces localités faut-il attribuer l'Évêché de Castellum? nous ne pouvons le dire.

FELIX. La notice de 482 le porte le douzième parmi les Évêques de la Maurétanie sitifienne qui, en 484, après l'assemblée de Carthage furent exilés par le roi Hunéric avec tous leurs collègues d'Afrique. La note *probatus* ajoutée au nom de Félix indique qu'il mourut pour sa foi en exil.

[1] Corpus. 8369.
[2] Ibid. 8812.

IX. — CEDAMVSA.

Les géographes n'ont rien dit, que nous sachions, de Cedamusa, mais la notice de 482 nous apprend qu'elle était située dans la Maurétanie sitifienne. Cependant Ptolémée mentionne les Çedamusi vers l'embouchure de l'Ampaga qui limitait la Maurétanie et la Numidie, et l'historien El Bekri dit que le pays de Ketama a des mines précieuses et riches de fer, de cuivre, etc. Or nous avons fait remarquer, à l'article de Ceramusa et de Tanaramusa, que la terminaison de ces noms paraissait avoir quelque rapport avec l'idée de mine.

MONTAN. La notice le cite le vingt-neuvième parmi les Évêques de la province sitifienne que le roi Hunéric, en 484, convoqua en assemblée générale à Carthage et qu'il condamna à l'exil avec tous les Évêques catholiques.

X. — CELLAS.

Cette ville est placée, par l'Itinéraire d'Antonin, à vingt-huit milles de Perdices et à vingt-cinq milles de Macras. Cette distance conduit aux ruines de Kherlet Zerga où l'on a, du reste, découvert le texte suivant[1] :

[1] Corpus. 8777.

```
            PRO  SALVTE ET INCOLV
    MITATE . DOMINI . NOSTRI . IMP . CAES
   M . ANTONI . GORDIANI . INVICTI . PII . FE
       LICIS . AVG. TOTIVSQVE . DOMVS
      DIVINAE . EIVS . MVRVS . CONSTITV
      TVS A . SOLO . A . COLONIS . EIVS . CAS
         TELLI . CELLENSIS . DICATISSI
           ME DEVOTI . NVMINI . EIVS
         FECERVNT . A .. P . C LXXXXXIIII         a. 243
```

On peut remarquer que Cellas était un Castellum et que ni l'Itinéraire ni la notice ne font mention de ce titre.

Sur la montagne qui domine Cellas on a découvert cette autre inscription [1] :

```
SALVIS DDD NNN IMPERATORIBVS INVICTIS PRINCIPIBVS
VALENTE GRATIANO ET VALENTINIANO PERPETVIS MAXIMIS
   VICTORIBVS AC TRIVMFATORIBVS SEMPER AVGVSTIS
   FLA VICTORIANVS. VC PRIM ORDINIS COMES AFRICAE
  SEMPER VESTRO NVMINI DEVOTVS CASTRAM DEDICAVIT
```

Ce texte tend à démontrer que Cellas était le limes Caput Cellensis de la notice de l'Empire. Il est pourtant plus probable que cette ville frontière appartenait à la Césarienne.

CRESCITVRVS. Il est le dix-septième des Évêques de la Maurétanie sitifienne que la notice de 482 nomme avec ceux qui furent exilés par le roi Hunéric après leur convocation à l'assemblée de Carthage en 484. L'annotation *probatus* jointe à son nom indique qu'il mourut loin de son siège.

[1] Corpus. 10937.

XI. — CHOBA.

Le nom de cette ville est écrit fort différemment dans les anciens auteurs; car ce que la notice de 482 appelle Covia, Ptolémée le nomme Chobat et l'Itinéraire d'Antonin Coba municipium, tandis que nous lisons dans la table de Peutinger Choba et dans l'anonyme de Ravenne tantôt Chova et tantôt Chosa. Son vrai nom était Municipium Ælium Choba, titre qu'elle tenait d'Hadrien ou d'Antonin le Pieux. C'est ce que nous trouvons dans une dédicace du règne de Septime Sévère [1] :

```
        IMP . CAES . L . SEPTIMIO . SEVERO . PIO
        PERTINACE . AVG . BALNEAE . MVNICIPVM
        MVNICIPII . AELII . CHOBAE . P . P . FACTAE
        DEDICANTIBVS . L . AIEDIO . M . FIL . QVIR
        VICTORE . M . AEMILIO ... FIL . ARN . HONO
             RATO . II . VIRIS . An pro CLVII
```

Les ruines de Choba se voient, sur un petit promontoire, comme le portent l'Itinéraire et la Table, entre Igilgili et Muslubio. Elles couvrent une étendue de seize hectares environ et sont connues sous le nom de Ziama.

MAXIME. Il figure le troisième parmi les Évêques de la Maurétanie sitifienne qui avec les autres Évêques nommés par la notice furent, en 484, de Carthage où les avait appelés le roi Hunéric, envoyés en exil.

[1] Corpus. 8375.

XII. — EMINENTIANA.

Comme l'indique la notice de 482, c'était une ville de la Maurétanie sitifienne, mais à son sujet nous n'avons aucun renseignement.

VICTOR. La notice le cite le quatorzième parmi les Évêques de la Maurétanie sitifienne que le roi Hunéric convoqua, en 484, à l'assemblée générale de Carthage et envoya aussitôt en exil avec tous les autres.

XIII. — EQVIZETA.

La table de Peutinger place Equezito sur la voie de Sitifis à Castra, entre Tamascani et Galaxia, à dix milles de Tamascani.

La notice de 482 la nomme Equizota, mais c'est assurément pour Equizeta, comme nous le lisons dans une inscription trouvée à Elguerria, localité distante de quinze milles d'Equizeta [1].

Imp. caes . c . au
RELIVS valerius dio
cleti ANVS · PIVS F
aug. et m. aurelius
vale R MAXIMIANVs

[1] Corpus. 10430.

PIVS FELIX AVG ET FLA
VIVS VALERIVS CONS
TANTIVS ET GALERI
VS VALERIVS MAXIMI
ANVS NOBILISSIMI
CAESARES. A MVN
CIP . EQVIZ . M P
XV

Cette borne milliaire donne à Equizeta le titre de municipe, mais elle eut plus tard le titre de colonie, ainsi que le démontre une autre inscription d'Auzia[1] :

P . AEL . P . F . Q . PRIMIANO
EQ . R . TRIB . COH . IIII . SYN
GB . A . MIL . PRIMOP . TRIB
COH . IIII . VIG . EX . DEC . A
THRAC . PRP . VEX . EQQ
MAVROR . DEFENSO
RI . PROV . SVAE . DEC . III
COLLL . AVZ . ET . RVSG.
ET . EQVIZ . P . AELI
VS . PRIMVS . DEC . COL .
AVZ . PRIVS . MORTE
PRAEVENTVS . QVAM
DED . PAT. PIISSIMO
AEL . AVDIF . FIL . PAT
D . D   XIII . KAL .
MAR   P   CCXVI .   16 feb. 255.

Ainsi Equizeta formait une confédération avec Auzia et Rusguniæ, villes de la Césarienne, à la manière des colonies cirtéennes en Numidie.

Son nom veut dire étable, car zeta est la même chose que Diaeta, et elle ne dut être à l'origine autre chose qu'une hôtellerie. Son emplacement n'a pu être jusqu'ici

---

[1] Corpus. 9045.

déterminé, malgré les données fournies par la Table et par la borne milliaire reproduite ci-dessus.

VICTOR. Il était donatiste ; son nom se trouve dans la Conférence de Carthage de l'année 411 où il répondit à l'appel[1] : *J'ai donné mandat et j'ai souscrit.*

PACATVS. La notice le cite le onzième parmi les Évêques de la Maurétanie sitifienne qui en l'année 484 se rendirent à Carthage pour l'assemblée générale convoquée par le roi Hunéric et qui à cause de leur profession de foi catholique furent tous envoyés en exil.

XIV. — FICVS.

La table de Peutinger met la station ad Ficum sur la voie de Choba à Cuicul et la place entre ad Basilicam et le municipe de Mopti, à quinze milles de ad Basilicam et à vingt-sept milles de Mopti. D'après l'Itinéraire d'Antonin, elle était à quinze milles de ad Basilicam et à trente-trois milles d'Igilgili. Malgré ces indications si précises, on n'est pas parvenu à retrouver Ficus.

FELIX. Il se rendit à Carthage en 411 pour assister à la Conférence parmi les catholiques et, quoique arrivé un peu tard et après que les autres avaient souscrit le mandat, il

---

[1] Cog. 1. 201.

y fut néanmoins présent et à la fin de la première séance il se présenta et dit[1] : *Je donne mandat et j'approuve.*

AVVS. Il figure le vingt-deuxième sur la liste des Évêques de la Maurétanie sitifienne que le roi Hunéric convoqua en 484 en assemblée générale et qu'il exila avec tous les autres Évêques de l'Afrique.

XV. — FLVMENPISCIS.

Nous avons parlé du Sava et du Nasava de Ptolémée, à l'article de Assava. Le flumenpiscis devait se trouver à proximité de Lemellefa et de Zaba, comme nous le verrons ci-dessous. Or, dans cette région il n'y a qu'une rivière remarquable et c'est l'oued Ksob ou des roseaux. L'auteur arabe Edrisi dit que cette rivière, qu'il appelle *rivière de Msila, a beaucoup d'eau et qu'il s'y trouve un petit poisson excellent, à raies rouges, qu'on ne rencontre nulle part ailleurs. Il est de la longueur d'un empan. On en pêche parfois des quantités considérables pour les expédier à la Calaa des Beni Hammad.* C'est probablement sur cette rivière que se trouvait la ville épiscopale dont nous traitons. L'oued Ksob se jette dans le Hodna et les villes de Lemellefa et de Zabi sont situées dans son bassin.

[1] Cog. 1. 215.

IANVIER. Il fut un des chefs de la secte donatiste, au temps des empereurs Constance et Julien, c'est-à-dire vers l'an 360. Saint Optat de Milève, s'adressant aux Donatistes, en parle dans ces termes [1] : *N'étaient-ils pas des vôtres Félix de Zaba et Janvier de Flumenpiscis et les autres qui se ruèrent comme des furieux sur le castellum Lemellefa et y trouvant la basilique fermée par crainte de leurs attaques, ils ordonnèrent à ceux qui les accompagnaient de monter sur le faîte, d'enlever la toiture, de lancer des tuiles* et le reste ? Or saint Optat dit que ces faits se passèrent *avant la mort de l'impie et sacrilège Empereur.*

RESTITVT. Il était aussi de la secte des Donatistes parmi lesquels il assista, en 411, à la Conférence de Carthage où à l'appel de son nom il dit [2] : *J'ai donné mandat et j'ai souscrit.* Il devait avoir un adversaire catholique, mais son nom manque dans les manuscrits [3].

VICTOR. La notice le nomme le vingt-cinquième parmi les Évêques de la Maurétanie sitifienne qui, en 484, se rendirent à Carthage pour obéir à l'édit par lequel le roi Hunéric avait ordonné à tous les Évêques de l'Afrique de comparaître devant lui. Ils furent condamnés à l'exil à cause de leur profession de foi catholique.

[1] De schism. 2. 18.
[2] Cog. 1. 206.
[3] Ibid. 133.

XVI. — GEGI.

Gegi, que les géographes ne mentionnent pas, était une ville de la Maurétanie sitifienne, sur laquelle nous n'avons encore aucune indication.

QVADRAT. Il se rendit à Carthage en 411 pour la Conférence où, à l'appel de son nom parmi les catholiques, il répondit[1] : *Je suis présent.* Et il ajouta au sujet de son église : *Elle n'a jamais eu d'Évêque,* c'est-à-dire à la tête des Donatistes.

CONSTANCE. La notice de 482 le nomme le treizième parmi les Évêques de la Maurétanie sitifienne que le roi Hunéric après l'assemblée de Carthage en 484 envoya en exil avec tous les autres Évêques d'Afrique.

XVII. — HORREA.

Outre Horrea Aninicia, la Maurétanie sitifienne avait encore les Muslubio Horrea que la table de Peutinger place entre Saldas et Choba à vingt-huit milles de Choba et à vingt-six milles de Saldas, sur le littoral. L'Itinéraire d'Antonin fait de même, mais en plusieurs manuscrits le mot

---

[1] Cog. 1. 128.

horrea a disparu, tandis que l'anonyme de Ravenne fait de Choba, Horrea et Muslubium trois localités distinctes. Mais ces variantes sont l'œuvre des copistes peu instruits de la géographie africaine. L'épigraphie nous révèle aussi l'existence d'une autre Horrea à Aïn Zada. Cette localité se trouve sur la route de Sitifis à Saldas, à dix-huit milles de Sitifis et à la même distance de Lesbi, selon les indications de l'Itinéraire d'Antonin. Une dédicace trouvée à Aïn Zada s'exprime en ces termes [1] :

```
            PRO SALVTE
            IMP CAESARIS
            P HEL PERTINA
           CIS TRIBVNICIE PO
         TESTATIS COS . II . P . P.           a. 192.
           COLONI DOMINI . N
           CAPVT SALTVS . HOR
           REOR . PARDALARI . HA
           NC ARAM POSVERVNT
                 ET . D. D.
```

Une seconde dédicace est encore plus intéressante. La voici [2] :

```
            Imp. CAES . M . AV
            reliO . SEVERO AN
            to NINO . PiO . FEL
           AVG. D. N. PART. BRIT
            MAX . COS . IIII . CO
             LONI . CAPVT . SAL
              TVS . HORREORVM
            ET . KALEFACELENSES
              PARDALARIENSES
```

[1] Corpus. 8425.
[2] Ibid. 8426.

ARAM PRO SALV
TE . EIVS CONSA
CRAVERVNT ET NO
MEN CASTELLO
QVEM . CONSTITVE
RVNT AVRELIANE
nse ANTONINIA
nense POSVERVNT
ET D. D.
AN. P. CL. XXIIII   a. 211.

Le *Caput saltus horreorum* avec les *Kalefacelenses* et les *Pardalarienses* formaient un domaine impérial, qui eut son *castellum* auquel fut donné le nom de *Castellum Aurelianense Antoninianense*. On ne s'étonnera donc pas de voir ces agglomérations importantes avoir des Évêques et de voir ceux-ci désignés par le nom simple de Horrea en laissant de côté les autres appellations multiples de leur siège. Mais à quelle Horrea attribuer l'évêque Victor dont nous allons parler ? Est-ce à Horrea des Pardalarienses ou à Horrea de Muslubium ? Puisque l'Itinéraire appelle les Horrea d'Aïn Zada sans qualificatif, c'est à celle-ci que nous donnerons la préférence.

VICTOR. Il est le septième des Évêques de la Maurétanie sitifienne qui, en 484, se rendirent à Carthage sur l'ordre du roi Hunéric et furent après cette réunion envoyés en exil avec les autres Évêques.

XVIII. — HORREA ANINICI.

Nonnius dit que les latins écrivaient quelquefois Horrea pour Horreum. Nous avons vu ci-dessus Castra écrit et gravé pour Castrum. Quant à Horrea Aninici il faut sans doute rapporter son nom à un personnage appelé Anicius. L'Itinéraire d'Antonin mentionne dans la Tripolitaine une Casas villam Aniciorum et une Megradi villam Aniciorum. Mais il est évident que cette région n'était point favorable à l'exportation des grains et que ce n'est point là qu'il faut chercher l'Horrea dont Cresconius fut Évêque en 411. Nous la chercherons donc dans la Sitifienne. Il existe dans cette province une montagne qui porte encore le nom de Djebel Anini, et c'est au pied de cette montagne que se voient les ruines d'un établissement qui fut jadis considérable et qu'on appelle jusqu'aujourd'hui Aïn Roua. Le nom peut fort bien être une altération de l'antique appellation.

CRESCONIVS. Il était de la secte des Donatistes et assista avec eux en 411 à la Conférence de Carthage. Il répondit à l'appel en disant[1] : *J'ai donné mandat et j'ai souscrit.*

[1] Cog. 1. 198.

XIX. — IERAFI.

La notice de 482 inscrit Jerafi dans la Maurétanie sitifienne. C'est une ville inconnue.

VICTOR. La notice le mentionne le neuvième parmi les Évêques de la Maurétanie sitifienne qui en 484 furent avec tous leurs collègues envoyés en exil par le roi Hunéric.

XX. — IGILGILI.

La colonie d'Igilgili n'est pas une ville inconnue. Pline la met entre Saldas et Tucca et dit qu'elle donnait son nom au littoral voisin. Ptolémée la nomme entre l'Audus et le Gulus. L'Itinéraire et la Table déterminent la position d'Igilgili et lui attribuent le titre de colonie. Ammien Marcellin et l'anonyme de Ravenne la mentionnent également. C'est, du reste, la ville actuelle de Djidjelli, dont le nom s'est conservé jusqu'à nos jours et qui n'a rien perdu de son importance, car c'est encore une cité très commerçante. Nous avons vu, à l'article de Castellum, quelle était la forme exacte de son nom. Il nous reste à énumérer les Évêques connus d'Igilgili.

VRBICOSVS. Il assista, en 411, à la Conférence de Carthage où, après avoir répondu à l'appel de son nom qu'il était présent, il rendit de son église cet éclatant témoignage[1] : *Elle est tout entière catholique, depuis les temps les plus anciens.*

DOMITIEN. Il figure le quatrième sur la liste des Évêques de la Maurétanie sitifienne qui, convoqués par un édit du roi Hunéric en 484, se réunirent à Carthage en une assemblée générale et furent envoyés en exil à cause de leur profession de foi catholique avec leurs autres collègues.

XXI. — LEMELLEFA.

La notice de 482 attribue à la Maurétanie sitifienne la ville de Lemellefa. Or saint Optat de Milève signale dans la même région le Castellum Lemella que l'on croit, avec juste raison, être cette même ville. Elle doit son illustration à deux martyrs que les Donatistes massacrèrent dans sa basilique et que célèbre le martyrologe de l'Église romaine le neuf février. *Pendant que les diacres catholiques*, dit saint Optat[2], *défendaient l'autel, plusieurs furent blessés à coups de tuiles ; deux furent tués : Prime, fils de Janvier, et Donat, fils de Ninus.* Ce fait semble s'être passé sous le règne de Julien l'Apostat, dont les excitations et la faveur avaient rendu leur courage aux Donatistes. Saint Optat l'attribue, du reste, au même temps.

---

[1] Cog. 1. 121.
[2] De schism. 2. 18.

La table de Peutinger cite le Castellum Lemelli, autrement Lemelli Præsidium, et le fixe à six milles de Tamannuna et à cent milles de Præsidium. L'anonyme de Ravenne, d'autre part, nomme Lecmelli entre Bambinide et Balasadais.

Lemellefa a été retrouvée, conformément à toutes ces indications, à Kherbet Zembia, non loin de Zaba. C'est ce qu'atteste l'inscription suivante [1] :

NVMIN
AVGVSTOR
COLONI
LE MEL
LE FENS

D'après un autre document épigraphique la ville avait le titre de municipe au temps des deux Philippe [2] :

Felicissimis temporibus dd. nn. imp. cœs. M. Juli Philippi invicti pii felicis et imp. cœs. M. Juli Philippi invicti pii felicis augg. et Marciæ Otaciliæ Severæ aug. aqua fontis quæ multo tempore deperiebat et cives inopia aquæ laborabant instantia M. Aurelii Athonis Marcelli ve. proc. augg. rarissimi præsidis n. patroni municipii innovato opere aquæ ductus abundans in fonte est perducta.

Les ruines de Kherbet Zembia se voient sur la rive gauche de l'oued Ksob, au quartier de Bel Imour, à treize kilomètres sud-est de Bordj Bou Aréridj. Une localité des environs porte encore le nom d'Aïn Lemella.

PRIMOSVS. Il vivait vers l'an 362, époque où les Donatistes se ruèrent sur la ville et sur la basilique même de

[1] Corpus 8808.
[2] Ibid. 8809.

cet Évêque. Saint Optat s'adressant aux Donatistes leur dit[1] : *Primosus, évêque catholique de ce lieu, s'en est plaint lui-même à votre concile de Théveste et vous n'avez pas écouté ses plaintes.*

IACQVES. Il figure le seizième sur la liste des Évêques de la Maurétanie sitifienne qui se rendirent à Carthage en 484 afin d'assister à l'assemblée convoquée par le roi Hunéric et furent ensuite condamnés à l'exil avec leurs autres collègues.

XXII. — LEMFOCTA.

Lemfocta était une ville de la Maurétanie sitifienne. Ce que nous savons, non seulement par la notice de 482, mais aussi par Ammien Marcellin, qui fait mention[2] de la ville de Lamfocta entre les peuplades des Tyndenses et des Massinissenses.

VINDEMIVS. La notice le cite le vingt et unième parmi les Évêques de la Maurétanie sitifienne que le roi Hunéric après la réunion de Carthage envoya en exil avec tous leurs autres collègues.

[1] De schism. 2. 18.
[2] 29. 5.

XXIII. — LESVI.

On trouve Lesvi, autrement Lesbi, et Sava Lesbi dans l'Itinéraire d'Antonin entre Horrea et Tupusuctu, à dix-huit milles d'Horrea et à vingt-cinq milles de Tupusuctu. Évidemment la ville se trouvait sur la Sava qui est l'oued Bou Sellam, mais on ne l'a pas encore pu retrouver.

ROMAIN. Il était de la secte des Donatistes avec lesquels il assista, en 411, à la Conférence de Carthage où à l'appel de son nom il dit [1] : *J'ai donné mandat et j'ai souscrit.* L'Église de Lesvi ne paraît pas avoir eu alors d'Évêque catholique.

VADIVS. Il figure le dixième sur la liste des Évêques de la Maurétanie sitifienne qui se rendirent à Carthage en 484 et qui après la réunion générale des Évêques furent exilés par le roi Hunéric avec tous leurs autres collègues.

XXIV. — MACRAS.

La ville de Macras est attribuée à la Maurétanie sitifienne par la notice, qui s'accorde en cela avec l'Itinéraire d'Antonin qui place Macri à vingt-cinq milles de Cellas et à vingt-cinq milles de Zabi. Macras se trouvait sur l'oued Magra,

[1] Cog. 1. 198.

près du Djebel Magra, dans la plaine de Bou Megueur, par où on peut voir que son nom est resté connu jusqu'à nos jours. Elle a subsisté, en effet, fort longtemps et tous les auteurs arabes la mentionnent avec éloge.

Bekri dit que Macra est une grande ville, entourée de vergers, de ruisseaux et de champs cultivés.

Elle était distincte de Magri, ville que la table de Peutinger place entre Rustici et Gadiaufala en Numidie. Victor de Tonnone rapporte, à l'année 479, que le roi Hunéric relégua un grand nombre de catholiques à Tubunnis, Macris, Nippis et autres endroits du désert.

MAXIME. Il assista, en 411, parmi les Donatistes à la Conférence de Carthage où à l'appel de son nom il dit[1] : *J'ai donné mandat et j'ai souscrit,* sans faire mention d'un compétiteur catholique.

ÉMÉRITE. Il figure le dix-huitième sur la liste des Évêques de la Maurétanie sitifienne qui se rendirent à la réunion de Carthage en 484 et furent de là exilés avec leurs collègues par le roi Hunéric. Émérite mourut pour sa foi en exil, comme l'indique la note *probatus* ajoutée à son nom.

Depuis, Macras a eu des Évêques titulaires :
Matthieu Petit Didier ;
Michel-Remi Laszewski, 2 octobre 1730 ;
Pierre Glaus, juillet 1820 ;
Hermann de Vicari, 24 février 1832 ;
Joseph-Dominique Sanchez, 30 janvier 1843 ;
Jean Healy, 27 juin 1884.

[1] Cog. 1. 206.

XXV. — MACRIANA.

La notice de 482 nous indique aussi qu'il y avait une Macriana dans la Maurétanie sitifienne. Du reste, les géographes n'en parlent point; mais une borne milliaire, trouvée à dix-huit kilomètres de Sitifis sur la voie de Cirta, mentionne peut-être Macriana [1] :

QVINTO DECIO TRAIANO
INVICTO PIO FELICI AVG
PM TRIB POT PP CO
PROCOS RP M MIL
CONSTITVIT....
MP II

D'autre part, un monument voisin de Assava porte ce qui suit [2] :

D M
TITVS STATILIV
S MARINVS PR
AEFECTVS GM VIXIT
ANIS LXXI STATiLIVSSE
VERVS SI...... ENEMET
VEROMNA EIVS CONj-
BM EIVS ERVINIS ASCIA
DEDICATVM

On peut lire dans l'un de ces textes *Res publica Macrianensium* et dans l'autre *præfectus gentis Macrianen-*

---

[1] Corpus 10360. 10359. 8470.
[2] Ibid. 8414.

sis, mais aussi on peut y voir le nom de quelque ville dont l'initiale est semblable.

DEVTERIVS. Il paraît avoir vécu avant l'année 380, car il est cité par le donatiste Tychonius qui, à cette époque, se faisait remarquer parmi ceux de sa secte [1]. Deuterius était, en effet, lui-même donatiste, mais plus large que les autres.

Voici ce qu'écrit de lui saint Augustin, d'après le témoignage de Tychonius [2] : *Il dit aussi que Deuterius, Évêque de Macriana, de votre communion, a reçu dans son église tout le peuple des traditeurs et qu'il a fait cette union avec les traditeurs conformément aux décrets du Concile tenu par vos deux cent soixante-dix Évêques et qu'après cela Donat a communiqué avec ce Deuterius, non seulement avec ce Deuterius, mais avec tous les Évêques des Maures.* Ces dernières paroles désignent Macriana de Maurétanie dont nous parlons ici et qui obéissait au collège des Évêques Maures.

FELIX. Il se trouva aussi, en 411, à la Conférence de Carthage, à laquelle Silvain, autre Évêque de Macriana en Byzacène, assistait; et il est nommé parmi les vingt Évêques qui n'avaient point encore souscrit au mandat, parce qu'ils étaient arrivés trop tard à Carthage. Il était catholique, mais sans doute il avait abandonné depuis peu le camp des Donatistes et, comme d'ordinaire, il conservait néanmoins le titre et les honneurs de l'épiscopat. Félix

---

[1] Genn. de vir. ill. 18.
[2] Epist. 93. ad Vinc.

s'étant avancé au milieu de la salle dit[1] : *Je donne mandat et j'approuve.*

RESTITVT. Il figure le vingt-troisième sur la liste des Évêques de la Maurétanie sitifienne qui se rendirent à la réunion de Carthage en 484 et furent ensuite exilés avec leurs collègues par le roi Hunéric. La notice de 482 indique que Restitut mourut pour la foi en exil.

XXVI. — MARINIANA.

La table de Peutinger mentionne une ville appelée Ad oculum Marinum entre Sitifis et Zarai, à quarante milles de Sitifis, à vingt-cinq milles de Vaccis et à dix-huit milles de Capsum Juliani. Jusqu'ici il a été impossible de déterminer l'emplacement de cette ville qui devait être importante puisque vers elle se dirigeaient plusieurs voies romaines.

D'autre part, on a trouvé, dans la même région, aux ruines importantes d'Aïn Melloul, la mention d'une colonie dont les initiales sont les mêmes. Voici le texte[2] :

IMP. CAES. M. AVR. COMMO
DO ANTONINO AVG. PIO FELI
CI. SARMATICO GERMANI
CO MAXIMO BRITTANICO
PONTIfiCI MAX. TRIB. PO
TEST XV IMP VIII COS VI

[1] Cog. 1. 215.
[2] Corpus. 8702.

```
        PP INDVLGENTISSIMO
       PRINCI PRINCIPI DIVI
      M. ANTONINI. PII. FIL. DIVI
        PII NEPOTI DIVI HADRIA
       NI. PRONEPOTI. DIVI TRAIANI
      PARTHICI ABNEPOTI DIVI
        NERVAE ADNEPOTI FE...
     NVM SPLEND COLON MAR PROCV
        AVG COLONI DOMINI N
             POSVERVNT
```

La notice de 482 écrit Maronana, autrement Marovana, qui peut être différente de Oculus Marinus.

INVENTINVS, autrement Juventinus. La notice le porte le vingt-sixième sur la liste des Évêques de la Maurétanie sitifienne qui, en 484, d'après l'ordre du roi Hunéric, se rendirent à Carthage et furent ensuite exilés avec tous les autres Évêques à cause de leur attachement à la vérité catholique.

XXVII. — MEDIANAS ZABI.

Les géographes ne disent pas quelle ville fut Mediana Zabi ou Zabuniorum. Mais, de la Conférence de Carthage, on peut conclure, avec une certitude presque complète, qu'elle était située dans la Maurétanie sitifienne et assez rapprochée de Sitifis. De son nom ou plutôt de son qualificatif on peut aussi conclure qu'elle était dans la région de Zaba ou Zabi dont nous parlerons en son lieu. Enfin nous pouvons tirer de son nom qu'elle se trouvait dans la vaste plaine connue jusqu'aujourd'hui sous le nom de plaine de la Medjana. Là se voit le Bordj Medjana, le même peut-être que le *Munimentum nomine Medianum* où le comte Théodose infligea une défaite aux tribus berbères [1].

DONAT. Il était de la secte des Donatistes parmi lesquels il assista, en 411, à la Conférence de Carthage et à l'appel de son nom comme Évêque de Medianas Zabuniorum il dit [2] : *J'ai donné mandat et j'ai souscrit.*

Mais un Évêque catholique, nommé Victor, probablement celui de Vardimissa, ville de la Césarienne, voisine de Medianas, révoquant en doute sa juridiction repartit : *Qu'il prouve qu'il a eu accès dans une seule des maisons du lieu qu'il nomme.* Puis Novat de Sitifis ajouta : *Que l'on écrive que Medianas Zabuniorum a un prêtre. C'est lui qui a, en ce moment même, la basilique et la direction du peuple; il a l'unité. Il n'y a là aucun donatiste. J'ai ordonné ce prêtre sur le tombeau de l'Evêque catholique et, si Dieu le veut, on y ordonnera un Évêque ; mais, quant à un Évêque donatiste, il n'y en a pas là.* Notre Donat de Medianas est probablement celui de Tamascanina ou de Aras, villes voisines de Medianas.

[1] Am. Marc. 29. 5. 45.
[2] Cog. 1. 203.

XXVIII. — MOLICVNTA.

La notice de 482 nous apprend que Molicunza se trouvait dans la Maurétanie sitifienne. Ammien Marcellin dit [1] que le comte Théodose s'empara de la cité de Conta où Firmus avait enfermé ses captifs parce que c'était une ville forte, *munimentum abstrusum et celsum*. Il serait donc permis de la voir dans les ruines importantes de Mlakou, chez les Beni Mellikeuch, sur les flancs méridionaux du Jurjura.

ROMAIN. Il figure le vingt-septième parmi les Évêques de la Maurétanie sitifienne convoqués à Carthage en 484 par le roi Hunéric et qui furent après cette réunion envoyés en exil avec leurs autres collègues.

XXIX. — MONTE.

Monte, de Mons, comme Laribus vient de Lares, se trouvait, selon la table de Peutinger, entre Cuicul et Sitifis, à treize milles de Cuicul et à douze milles de Sitifis. Nous l'attribuons à la Sitifienne, bien que la notice de 482 nomme l'Évêque de Monte parmi ceux de la Numidie, de même que nous avons vu des Évêques de Thabraca, ville située

[1] 29. 5.

en Numidie, comptés parmi ceux de la Proconsulaire. Monte a été retrouvée à Ksar ou Ghiren, sur un haut plateau. Ses ruines portent aussi le nom de Kasbaït. Le castrum forme un parallélogramme de quarante-cinq mètres sur quarante. Les restes de plusieurs édifices sont remarquables. Dans une inscription de Lambæsis [1] il est question des *Mazicum regionis Montensis* et une ville épiscopale de la Maurétanie césarienne portait le nom de Giru Montis.

DONATIEN. Il assista, en 411, parmi les catholiques, à la Conférence de Carthage où, à l'appel de son nom, il répondit [2] qu'il était présent. Il avait un adversaire donatiste, mais celui-ci ne put venir pour raison de santé, ce que Pétilien, mandataire des Donatistes, fit connaître aussitôt en disant : *Il est malade,* sans toutefois donner son nom.

VALENTIEN. La notice le cite le vingt-cinquième parmi les Évêques de Numidie qui furent condamnés à l'exil avec les autres Évêques par le roi Hunéric après leur réunion à Carthage en 484. On lit, à côté de son nom, une note, *probatus,* qui marque que cet Évêque mourut pour sa foi loin de son siège.

[1] Corpus. 2786.
[2] Cog. 1. 121.

XXX. — MOPTA.

Mopta, Mopti, Mocta, Mozota, Oppina, car ces diverses variantes se rencontrent dans les manuscrits, était une ville de la Maurétanie sitifienne, que la table de Peutinger qualifie du titre de Municipe et qu'elle place sur la voie de Choba à Cuicul, à vingt-sept milles de Ad Ficum et à onze milles de Cuicul. D'après ces données, on peut la voir dans les ruines d'El ouarcha, situées sur l'oued Kharrouba, au pied occidental du djebel Halfa, à trois kilomètres en amont du confluent de l'oued Kharrouba avec l'oued el Kebir. Dans les actes de la Conférence de Carthage Mopta est aussi appelée Municipe. Il est vrai que les villes qui portaient le titre de municipes n'étaient pas toujours des villes de citoyens romains ; mais cette appellation est regardée avec raison, néanmoins, comme celle de villes importantes. Elle n'était point d'ailleurs si commune en Afrique et on la réservait à celles qui étaient les plus distinguées.

LEON. Il assista, en 411, parmi les Évêques catholiques, à la Conférence de Carthage où il déclara avoir pour compétiteur le donatiste Félix, lequel s'avançant alors dit [1] : *Je le connais.* Puis, à l'appel de son nom, il répondit [2] : *J'ai donné mandat et j'ai souscrit.* Léon de Mopta avait été *custos chartarum* au concile de 411. Il gouvernait encore son église en 419, année où il fut chargé avec

---
[1] Cog 1. 143.
[2] Ibid. 180.

Novat de Sitifis de représenter la province sitifienne au concile de Carthage qui fut le dix-huitième de ceux d'Aurèle [1].

VILLATICVS. La notice le porte le trente-troisième parmi les Évêques de la Maurétanie sitifienne qui se rendirent en 484 à la réunion de Carthage et qui, condamnés ensuite par le roi Hunéric avec tous leurs autres collègues, durent partir pour l'exil.

XXXI. — NOVA LICIANA.

Nous savons, par la notice de 482, que Nova Liciana était située dans la Maurétanie sitifienne. Aux ruines dites Kharbet Madjouba, situées à cinq kilomètres de Monte, on a retrouvé diverses inscriptions incomplètes dans lesquelles on peut lire [2] :

```
        GENIO N....
        CIVES NOV...
      GENIo NOVAR...
DEO LAVDES SVPER AQVAS ANO...
```

On y a découvert aussi plusieurs monuments chrétiens parmi lesquels l'épitaphe suivante [3] :

---

[1] Hard. 1. 1249.
[2] Corpus. 10907.
[3] Ibi l. 10927. cf. 10928

MENSA
HAEC EST AETERNA
DOMVS ET PERPETVA
FELICITAS
DE OMNIBVS MEIS
HOC SOLVM MEVM
APER FIDELIS
IN PACE VIXIT ANIS LXV
DEP EIVS V KL SEP AP CCCXXI   21 août 360.

La ville que l'anonyme de Ravenne appelle Balicin et qu'il cite parmi celles de la Sitifienne peut être fort bien une altération de Noba Licinia et nous aurions là le vrai nom de cette ville. Nous ferons observer que le nom des Licinii paraît fréquemment dans l'épigraphie de Kharbet Madjouba.

Nous ferons encore remarquer que le célèbre Évêque de Maurétanie qui correspondit avec saint Cyprien de Carthage pour la question du baptême est appelé par saint Augustin dans un manuscrit du Vatican [1] Jubaïen de Novaticina, nom qui se rapproche beaucoup de Novaliciana.

REDVX. Il est le dix-neuvième sur la liste des Évêques de la province sitifienne qui se rendirent à Carthage en 484 pour l'assemblée générale de l'épiscopat et furent condamnés à l'exil avec tous leurs collègues après qu'on leur eût enlevé leurs églises pour les donner aux Ariens que le roi Hunéric favorisait passionnément.

Ms. n. 506. fol. 24.

XXXII. — OLIVA.

L'Itinéraire d'Antonin place Ad olivam à trente milles de Saldas et à vingt-cinq milles de Ad sava. D'après la table de Peutinger, Ad olivam se trouvait à trente milles de Ruzaï. Malgré ces indications, Oliva n'est pas encore retrouvée. Elle devait son nom, sans doute, à ses oliviers.

LVCE. Cet Évêque se rendit à Carthage, en 411, pour la Conférence, mais il arriva un peu tard. Il est cité parmi les derniers de ceux qui n'avaient pas encore souscrit au mandat. A l'appel il se présenta et dit [1] : *Je donne mandat et j'approuve,* sans dire s'il avait un compétiteur donatiste.

XXXIII. — PARTENIA.

La ville de Partenia, autrement Parthenia, est attribuée à la Maurétanie sitifienne par la notice de 482. Peut-être devait-elle son nom à quelque personnage appelé Parthenius. Saint Augustin parle quelque part d'un Évêque appelé Parthenius [2]. La table de Peutinger indique une station nommée ad Portum, située à trente-cinq milles de Sitifis, à la frontière de la Numidie. Ce nom pouvait lui

[1] Cog. 1. 215.
[2] Epist. 22. n. 9.

venir de la *lex portus* qu'on exécutait à la limite des provinces.

ROGAT. Il figure le trente-deuxième sur la liste des Évêques que la province sitifienne envoya en 484 à la réunion de Carthage et qui subirent le même sort que les autres ; car le roi Hunéric les condamna tous à l'exil.

XXXIV. — PERDICES.

Le nom de la ville de Perdices semble lui être venu des oiseaux du même nom. Martial vante, parmi les oiseaux d'Afrique, une espèce de perdrix de Numidie[1] qui y existent encore. Elles avaient le plumage tacheté et l'emportaient sur les perdrix ordinaires. Au reste, plusieurs localités de la Maurétanie et de la Numidie portent jusqu'aujourd'hui le même nom Hadjela, qui veut dire perdrix dans la langue arabe.

La situation de cette ville est indiquée dans l'Itinéraire d'Antonin entre Zaraï et Sitifis, à vingt-cinq milles de Sitifis et à douze milles de Zaraï. Néanmoins elle n'a pu être jusqu'ici retrouvée d'une manière certaine. Quelques-uns la voient dans les grandes ruines de Fraïm.

SILVAIN. Holstein croit que ce fut lui qui remplit avec Lucien les fonctions de député de la province sitifienne au

---

[1] Lib. 3 Epig. 58.

concile de Carthage de l'an 403[1]. Mais il assista certainement, en 411, parmi les catholiques, à la Conférence de Carthage où, après qu'il eut répondu à l'appel de son nom qu'il était présent[2], son adversaire Rogat s'avança et dit : *Je le connais*. Puis, à l'appel de son propre nom, celui-ci répondit[3] : *J'ai donné mandat et j'ai souscrit*.

VICTORIN. La notice le nomme le trente-neuvième parmi les Évêques de la province sitifienne qui se rendirent à la réunion de Carthage en 484 et furent ensuite exilés par ordre du roi Hunéric.

XXXV. — PRIVATA.

On appelait du nom de ratio privata les domaines particuliers des Empereurs. Il y en eut assurément dans la Maurétanie sitifienne où la notice de 482 place l'Évêché de Privata, car un texte retrouvé dans les ruines de Faguès, situées dans le bassin du Hodna, au lieu dit Satar, non loin de la Medjana, porte ce qui suit[4].

```
        LIMES AGRORVM AGAR
        GILIO GODDEO DEC
        P. P. SECVNDVM . IVS
        SIONEM . V . P . IVCVN
        DI . PEREGRINI . P . N .
        INTER TERRITORI
        VM AVRELIESE ET P
        RIVATA RATIONE
```

[1] Hard. 1. 914.
[2] Cog. 1. 121.
[3] Ibid. 187.
[4] Corpus. 8811

On ne saurait avoir de doute ; il s'agit ici d'un territoire portant le nom de privata ratio et voisin d'un autre appelé Aureliense.

ADÉODAT. Il figure le trente et unième sur la liste des Évêques qui se rendirent à la réunion de Carthage en 484 sur l'ordre du roi Hunéric et furent ensuite exilés avec les autres Évêques.

XXXVI. — SALDAE.

Saldae, que mentionne Ptolémée, était, au témoignage de Pline, une colonie d'Auguste. La table de Peutinger l'appelle Saldas au cas direct et l'Itinéraire d'Antonin Saldis. C'est ce qui arrivait pour d'autres villes, ainsi que nous l'avons remarqué. Saldae est représentée par la ville actuelle de Bougie, la Begaït des Berbères. Les monuments épigraphiques qu'on y a retrouvés confirment sur ce point les données des auteurs.

On lit dans une dédicace [1] :

```
        DIVAE . SABI
        NAE . AVG .
        COL . COL .
        IVL . SALD .
        D . D . P . P . P .
```

et dans une autre on lit à la fin [2] :

---

[1] Corpus. 8929.
[2] Ann. Const. 1888. p. 426.

COL . COL .
IVL . AVG . SALD .
LEGIONIS VII
IMMVNIS

D'après une inscription très curieuse de Lambæsis, la troisième légion aurait, en 152, prêté son concours à Saldae pour la construction de l'aqueduc dont on voit encore les restes et qui va du djebel Toudja à Saldae. Il y est fait mention de la *Salditana civitas splendidissima,* des *Salditanis* et du *ductum Saldense,* puis de *Saldas* et de *Saldis* [1].

Au douzième siècle Saldae portait déjà le nom de Begaït, autrement Bougie, et elle avait des archevêques. En 1315, un homme illustre par sa science et par sa vertu, Raymond Lulle y souffrit le martyre. Il est honoré comme un saint en Espagne le trois juillet et ses détracteurs se sont tus après la justification faite depuis longtemps de ses écrits et de sa vie.

Bougie fut prise par Charles-Quint en 1509 et plusieurs inscriptions rappellent l'occupation espagnole. L'une d'elles célèbre une éclatante victoire remportée le jour de l'Épiphanie de l'an 1549.

L'emplacement de l'église actuelle de Bougie serait celui de l'antique basilique de Saldae.

PASCHASE. Il est le quarante et unième sur la liste des Évêques de la Maurétanie sitifienne qui, appelés à Carthage, en 484, par le roi Hunéric, furent ensuite exilés avec tous les autres qui s'y étaient réunis.

SERVANDVS. Il fut constitué Évêque de Bougie par le pape

---

[1] Corpus. 2728.

Grégoire VII, en 1076, comme le marque une lettre de ce pape adressée *au clergé et au peuple de Buzece dans la Maurétanie sitifienne*. Bougie était alors très fréquentée par les marchands italiens et le souverain Hammadite de la Sitifienne entretenait des relations amicales avec la Cour de Rome.

Bougie aurait eu des Évêques pendant le cours de la domination espagnole, mais nous ignorons leurs noms. Elle a eu plus tard des Évêques titulaires :

François Perez, février 1687 ;
François N..., 1719 ;
Jérôme Szeptiychi, 20 juillet 1739 ;
Ignace Urzyanowski, 14 juin 1762 ;
Bernard Panet, juin 1806 ;
Antoine Ribeiro, 27 septembre 1824 ;
Daniel O Connor, avril 1834.

XXXVII. — SATAFIS.

L'Itinéraire d'Antonin montre qu'il existait, dans la Maurétanie sitifienne, une Satafis distincte de celle de la Césarienne et qu'elle se trouvait à seize milles de Sitifis et à la même distance de ad Basilicam sur la voie qui conduisait à Igilgili. Elle est représentée par les ruines d'Aïn Kebira, comme le prouve l'inscription suivante[1] :

[1] Corpus. 8389.

```
        GENIO MV
        NICIPII . SA
        TAFENSIS .
        EX TESTA
          MENTO
        C . STATVLE
        NI MARTiA
        LIS FL . P . P
        C STATVLENI
        VS VITALIS HE
           RES
        L. MIL . N .
        CONSTITV
         TI DDC
```

On y a aussi recueilli des épitaphes chrétiennes intéressantes.

Ainsi, celle d'un prêtre [1] :

```
      mem ORI a DEPOS
       ITIONIS PRESBIT
      ERI SECVRI POSITA
      C FRATRES PACALE
      ET FLORA VICSIT A
      NOS LVI ANO P . CCC
      XXIIII DEPOSITIO B
      ASSI FRATRES VI ID
         VS OCTOBRES
```

Les *fratres* mentionnés dans cette épitaphe doivent être des religieux et Satafis, dès lors, aurait possédé en 364 un couvent de religieux. Les incorrections du texte ne permettent pas d'être absolument précis à cet égard.

L'épitaphe suivante n'est pas moins remarquable [2] :

---

[1] Ann. const. 1888. p. 422.
[2] Ibid. p. 421.

```
        MENSA AEMILI
     AE VALENTINAE BENE MER
      ITA DEC ☧ LANDIOS
      APOSO MARITO SVO
     FABENTE DEO SINE DOL
   ORE FILIORVM DISCESSIT VICX
      AN LX AP CCCIII                    a. 343.
        AN . P . CCCIII
          D M . S .
```

Nous connaissons deux Évêques de Satafis.

ADÉODAT. Il siégea parmi les évêques catholiques à la Conférence de Carthage, en 411. Quand il eut répondu à l'appel qu'il était présent[1], l'évêque donatiste Urbain qui était son compétiteur, se leva et dit : *Je le connais*. Et lui-même répondit à son appel[2] : *J'ai donné mandat et j'ai souscrit*. Il n'est pas absolument certain que ces deux Évêques appartiennent à la ville de la Sitifienne plutôt qu'à Satafis de la Césarienne.

FESTVS. La notice l'énumère le sixième parmi les Évêques de la province sitifienne que le roi Hunéric envoya en exil avec leurs collègues qu'il avait appelés de tous les points de l'Afrique à la réunion de Carthage, en 484.

[1] Cog. 1. 128.
[2] Ibid. 187.

XXXVIII. — SERTEI.

Sertei n'est pas mentionnée par les géographes, mais la notice de 482 la place dans la Maurétanie sitifienne où, en effet, elle a été retrouvée dans les ruines de Kherbet Guidra. Celles-ci sont situées sur un plateau élevé, au confluent de deux rivières dont une porte encore le nom d'oued Chertioua, altération du nom primitif Sertei. La ville formait un triangle défendu de deux côtés par les deux rivières et du troisième côté par un rempart. Il est question de ce mur dans l'inscription suivante [1] :

```
         IMP . CAES . M . AVR . SE
            VERVS . ALEXANDER
         PIVS FELIX AVG . MVROS
          PAGANICENSES SERTE
        ITANIS PER POPVL . SVOS FE
       CIT . CVR . SAL . SEMP . VICTORE
       PROC . SVO INSTANTIBVS HEL
           VIO CRESCENTE DEC ....
            TE . CL . CAPITONE . PR ....
```

La basilique de Sertei a été mise au jour. Elle devait être fort belle. On remarque dans son enceinte plusieurs tombes en mosaïque. En voici un spécimen [2] :

```
           HIC REQVIESCIT
            EMERITA HONE
              STA FEMINA
           QVI VIXIT ANIS
```

[1] Corpus, 8828.
[2] Bull. arch. 1887. p. 187.

LXXV RECESSIT
IN PACE DIEV KL
AGVSTA. AN
P CCCCXX VIII   a. 468.

La basilique, du reste, est située hors des murs, comme celles de Carthage, de Theveste, de Tipasa, et elle est entourée d'une vaste nécropole où se trouvent de nombreux sarcophages.

FELIX. Il se rendit à Carthage en 411 pour assister à la Conférence parmi les Évêques catholiques. Cependant une maladie le contraignit de rester dans sa demeure. C'est pourquoi, quand Alype de Thagaste eut excusé les autres Évêques, il ajouta[1] : *Quant à Félix de Sertei, il souffre des pieds*. Mais son compétiteur, le donatiste Maximien, était présent et il répondit à l'appel[2] : *J'ai donné mandat et j'ai souscrit*.

VICTORIN. La notice le mentionne le vingt-huitième parmi les Évêques de la Maurétanie sitifienne que le roi Hunéric après les avoir réunis à Carthage en 484 envoya en exil avec tous leurs autres collègues. L'annotation *probatus* jointe au nom de Victorin indique qu'il mourut pour la foi catholique loin de son siège.

[1] Cog. 1. 215.
[2] Ibid. 180.

XXXIX. — SOCIA.

La notice indique qu'il y avait en 482 dans la Maurétanie sitifienne une ville nommée Socia. Mais nous ne savons rien d'elle.

SATVRNIVS. Il figure le quinzième parmi les Évêques de la Maurétanie sitifienne qui, s'étant rendus à l'assemblée de Carthage en 484, furent exilés par ordre du roi Hunéric avec leurs autres collègues. La note *probatus* ajoutée à son nom prouve qu'il mourut pour la foi en exil.

XL. — SVRISTA.

C'est encore une ville inconnue, qui pourrait être la même que Tinista dont nous parlerons en son lieu.

AVFIDIVS. Il figure le trente-huitième parmi les Évêques de la province sitifienne que le roi Hunéric exila avec leurs autres collègues après l'assemblée de Carthage en 484.

XLI. — TAMAGRISTA.

Tamagrista, autrement Thamagrista, était une ville de la Maurétanie sitifienne. C'est ce qu'indique la notice de 482 et peut-être n'est-elle autre que la Thamarita que Ptolémée nomme dans la même région après Tubuna, au-delà du mont Gara.

Du reste, on voit, entre Sitifis et Aïn Roua, une montagne environnée de ruines romaines et appelée Djebel Magris.

PRIMVLVS. Il assista, en 411, parmi les Évêques catholiques, à la Conférence de Carthage où, après sa réponse à l'appel de son nom qu'il était présent [1], son compétiteur le donatiste Saturnin s'avança et dit : *Je le connais*. Puis à l'appel parmi ses collègues il ajouta [2] : *J'ai donné mandat et j'ai souscrit*.

CLÉMENT. Il figure le trentième sur la liste des Évêques de la Maurétanie sitifienne qui se rendirent en 484 à la réunion de Carthage et furent ensuite condamnés à l'exil par le roi Hunéric avec leurs autres collègues.

[1] Cog. 1. 128.
[2] Ibid. 197.

XLII. — TAMALLVMA.

La Maurétanie césarienne avait, comme la Byzacène, une Tamalluma, qui semble être appelée dans la table de Peutinger Municipium Tamannuna. La Table place ce municipe entre Sitifis et Tamascani, à dix milles de cette dernière ville, à vingt-cinq milles de ad Sava et à six milles de Lemellefa. Outre le municipe il y avait un castellum de Tamannuna, qui devait être distinct, bien qu'il soit cité en même temps que le municipe. Nous en avons déjà parlé à l'article de Castellum.

Le limes Thamalloma de la notice des Dignités de l'Empire se trouvait entre Tupusuctus et Baleretum. Il est probablement le même que le municipe de Tamannuna. Toutes ces données portent à croire que Tamalluma est représentée par Bordj Bou Aréridj, position qui a eu jadis comme aujourd'hui une grande importance militaire.

GRÉGOIRE de Tamamalla assista, en 411, avec les Évêques catholiques, à la Conférence de Carthage où, à l'appel de son nom, il répondit[1] qu'il était présent. Il avait pour compétiteur le donatiste Luce de Tamalla, qui ajouta : *Je le connais*. Puis, à l'appel de son nom, ce dernier répondit[2] : *J'ai donné mandat et j'ai souscrit*.

RVFIN. Il ouvre la liste des Évêques de la province sitifienne que le roi Hunéric après la réunion de Carthage

[1] Cog. 1. 128.
[2] Ibid. 208.

en 484 exila avec les autres Évêques. On peut donc admettre que Rufin était alors le primat de sa province.

XLIII. — TAMASCANIA.

La notice de 482 place Tamascania, autrement Tamascanina, dans la Maurétanie sitifienne. De son côté, la table de Peutinger annonce le municipe de Tamascani à dix milles de Tamannuna et à la même distance d'Equizeta. Elle se trouvait par conséquent dans la vaste plaine de la Medjana où l'on rencontre de nombreux groupes de ruines romaines.

DONAT. Il était de la secte du même nom et il prit part avec ses collègues à la Conférence de Carthage en 411. A l'appel de son nom il dit[1] : *J'ai donné mandat et j'ai souscrit,* sans ajouter s'il avait contre lui un Évêque catholique.

HONORAT. La notice le mentionne le trente-quatrième parmi les Évêques de la Maurétanie sitifienne que le roi Hunéric réunit à Carthage en 484 et condamna à l'exil avec le reste de leurs collègues. La note *probatus* ajoutée à son nom indique que Honorat mourut pour la foi loin de son siège.

[1] Cog. 1. 198.

XLIV. — THIBVZABETA.

Nous avons attribué l'Évêque donatiste Martinien de Thibuzabeta à Tubyza de la Proconsulaire, ville qui est elle-même incertaine. Nous avons vu, ailleurs, que Guzabeta est une ville de Numidie. Il se peut fort bien que Thibuzabeta appartienne à la Sitifienne. En effet, une inscription découverte depuis peu à Aïn Melloul, dont nous avons plusieurs fois déjà parlé, semble mentionner un castellum de ce nom. Voici le texte [1] :

INDVLGENTIA. NOVI. SAECVLI. IMP. CAES
M. ANTON. GORDIANI. in VICTI. PII
FELICIS. AVG. RESTITVtori o RBIS
KAST. THIB. QVOD ante hac ANGVS
TO. SPATIO. CINCTVm jam CONTI
NEBATVR. NVNC REPAraTIS. AC FOTis
VIRIBVS. FIDVCIA. PaciS opTaNTe
FACIEM. MAIORIS. LOCI. prOLatum
EST. FALTONIO RESTITutiano
V. E. PRAESIDE. CVRANTe aure
LIO. FELICE. PROC. AVG.....

Mais, du reste, nous ignorons si Thibuzabeta doit être mise dans la Sitifienne et si le Castellum en question représente réellement cette ville.

MARTINIEN. Il assista, en 411, parmi les Donatistes à la Conférence de Carthage et il répondit à l'appel [2] : *J'ai donné mandat et j'ai souscrit.* Il était sans doute seul maître dans son diocèse et sans compétiteur catholique.

[1] Bull. d'Oran. XIII. p. 236.
[2] Cog. I. 187.

XLV. — THVCCA.

Il y avait une Thugga ou Tucca dans la Proconsulaire, une autre dans la Byzacène, une autre dans la Numidie. Il y en avait une aussi dans la Sitifienne, car la notice de 482 attribue à cette province un Évêque de Tucca. La table de Peutinger, d'autre part, met une ville de Tucca entre Igilgili et Cuicul, à soixante milles de celle-ci, et dit que cette Tucca est *fines Africæ et Mauretaniæ* à la limite de l'Afrique propre et de la Maurétanie. Pline, après avoir parlé d'Igilgili, en décrivant le littoral, ajoute que la ville de Tucca est assise sur la mer et sur le fleuve Amsaga où commence la Numidie. Ainsi, d'après ces deux auteurs, il se trouvait à la frontière de la Numidie et de la Maurétanie sitifienne deux villes distinctes portant l'une et l'autre le nom de Tucca. Il est évident que l'une de ces deux villes représente la cité épiscopale de la notice de 482.

VZVLVS de Thucca est nommé le trente-septième parmi les Évêques de la Maurétanie sitifienne que le roi Hunéric convoqua à Carthage en 484 et exila ensuite avec tous les autres Évêques d'Afrique.

XLVI. — TINISTA.

Tinista est peut-être la même ville que Surista dont nous avons parlé plus haut. Un fragment d'inscription, trouvé à Kherbet Madjouba, autrement Beni Fouda, non loin de Monte, porte ce qui suit [1] :

VS. CRESCENS. FIL
EQR TINISTE

L'Évêque donatiste de Tinista souscrivit en 411 avec les Évêques de Serteï et de Mopti, qui appartiennent à la Sitifienne. Son nom, Colonicus, se retrouve dans une inscription que nous avons rapportée à l'article de Sitifis.

COLONICVS. Il était de la secte des Donatistes avec lesquels il assista, en 411, à la Conférence de Carthage où à l'appel de son nom il dit [2] : *J'ai donné mandat et j'ai souscrit ; je n'ai point chez moi de traditeurs.*

XLVII. — TVPVSVCTV.

Le nom de cette ville offre de nombreuses variantes, même dans les monuments épigraphiques retrouvés au milieu de ses ruines. Car dans un texte de l'époque de Néron nous lisons ce qui suit [3] :

[1] Corpus. 8668.
[2] Cog. 1. 180.
[3] Corpus. 8837.

NERONE. CLAVDIO. CAESARE
AVG. GERMANICO. L. ANTISTIO. VETERE. COS.
K AVGVSTIS
Q. IVLIVS. Q. F. QVI. SECVNDVS. LEGATVS. PRO
PRAETORE. HOSPITIVM. FECIT. CVM
DECVRIONIBVS. ET. COLONIS. COLONIA
IVLIA. AVG. LEGIONIS. VII. TVPVSVCTV. SIBI
LIBERIS. POSTERISQVE. SVIS. EOSQVE. PA
TROCINIO. SVO. TVENDOS. RECEPIT.
AGENTIBUS. LEGATIS
Q. CAECILIO. Q. F. PALATINA FIRMANO
M. POMPONIO. M. F. QVIR. VINDICE

Une autre inscription de l'époque Dioclétienne porte[1] :

dd. nn. diocletianuS ET MAXIMIANVS SENIORES AVG ET
dd. nn. Constantius et Maximianus inVICTI IMPERATORES ET
Severus et Maximianus nobilISSIMI CAESARES
quo tempore d. n. maximIANVS INVICTVS SENIOR AVG
FELICITER
comprimens turbas quinquegeNTANEORVM EX
TVBVSVCTITANA
regione copiis juvaRETVR HORREA IN TVBVSVCTITANA
civitate fieri PRAECEPERVNT ANNO PRO CCLXV

Pline avait dit que Tubusuptu était une ville de l'intérieur. L'Itinéraire d'Antonin la place entre Lesvi et Saldas. Juste Lipse et Cellarius croient que c'est la ville que Tacite appelle Thubuscum[2]. Selon Ammien Marcellin[3], elle touchait au mont Ferrat qui est notre Djurdjura. D'autres auteurs la mentionnent également, et sur des amphores de Rome on lit :

Ex prov(incia) Maur(etania) Cæs(ariensi) Tubus(uctu).

Enfin la notice de l'Empire dit qu'il y avait un poste

[1] Corpus. 8836.
[2] Ann. 4. 24 — Géogr. 4. 6 37.
[3] 29. 25.

frontière à Tubusubdu. Il devait servir à tenir en respect les populations Kabyles. Ce que les auteurs ne disent pas, les inscriptions nous le font connaître. Tubusuctu était une colonie d'Auguste pour la septième légion.

Ses ruines se voient à Tiklat, la citadelle, et elles s'étendent sur un mamelon dominant de plus de quatre-vingt mètres l'oued Sahel. On y remarque le mur d'enceinte et des débris de toutes sortes qui couvrent une superficie de vingt-cinq à trente hectares. D'après l'auteur arabe Edrisi la ville subsistait encore au douzième siècle.

FLORENTIN. Il était donatiste et assista en 411 parmi ceux de sa secte à la Conférence de Carthage où à l'appel de son nom il dit[1] : *J'ai donné mandat et j'ai souscrit,* sans rien ajouter au sujet d'un Évêque catholique.

MAXIME. Il figure le huitième sur la liste des Évêques de la Maurétanie sitifienne qui se rendirent en 484 à la réunion de Carthage et furent ensuite exilés par Hunéric.

XLVIII. — VAMALLA.

Vamalla est mise par la notice de 482 dans la Maurétanie sitifienne. Comme Vamalla peut être prise pour Bamalla ou même Tamalla, on peut revoir ce que nous avons dit du municipe et du castellum de Tamalluma, autrement Tamannuna. A Bir Haddada, au sud de Sitifis,

[1] Cog. 1. 187.

au milieu de ruines importantes, on a trouvé un texte épigraphique qui se termine par les abréviations suivantes[1] :

K. B. DDSP

que l'on peut interpréter *Kastellani Bamallenses*.

FLAVIEN. Il figure le dernier, c'est-à-dire le quarante-deuxième sur la liste des Évêques de la Maurétanie sitifienne qui se rendirent en 484 à la réunion de Carthage et furent par ordre du roi Hunéric exilés avec tous leurs autres collègues.

XLIX. — ZABI.

La ville de Zabi, autrement Zaba, attribuée par la notice de 482 à la Maurétanie sitifienne, est placée par l'Itinéraire d'Antonin à vingt-cinq milles de Macri et à trente milles d'Aras. Ethicus la nomme entre Macri et Tupusuctu. C'est là que résidait l'officier chargé du poste frontière de Zaba sous les ordres du comte d'Afrique. D'après Procope[2], toute cette région portait le nom de Zab et avait Sitifis comme métropole. C'est à Bechilga, non loin de Msila, que se voient les ruines de Zabi. Une inscription qu'on y a trouvée ne laisse pas de doute à cet égard. On y lit[3] :

[1] Corpus. 8710.
[2] Bell. Vaud. 2.
[3] Corpus. 8805

† EDIFICATA EST A FVNDAMENTIS HVIC CI
VItas nOVA IVSTINIANA ZABI SVB TEM
POribus DOMNI NOSTRI PIISSIMI ET INVICTIS

Le Zab de Numidie est le prolongement méridional de celui de la Sitifienne.

FELIX. Saint Optat parle de cet Évêque comme d'un des chefs du donatisme qui, sous le règne de Julien l'Apostat, persécutèrent violemment les catholiques. *N'étaient-ils pas des vôtres*, dit-il [1], *Félix de Zaba et Janvier de Flumenpiscis avec les autres qui se précipitèrent sur le Castellum de Lemella,* et le reste ? Ces événements appartiennent à l'année 362, ou à la suivante.

POSSESSOR. Cet Évêque figure le quarantième sur la liste des Évêques de la Maurétanie sitifienne qui se rendirent à la réunion de Carthage et furent ensuite exilés par ordre du roi Hunéric en 484 avec leurs autres collègues.

L. — ZALLATA.

Zallata, selon la notice de 482, appartient à la Sitifienne, mais c'est du reste une ville inconnue.

ARGENTIVS. Il est le vingtième parmi les Évêques de la Maurétanie sitifienne qui se rendirent en 484 à l'assemblée de Carthage et furent ensuite avec leurs autres collègues envoyés en exil par le roi Hunéric.

· De schism. 2. 18.

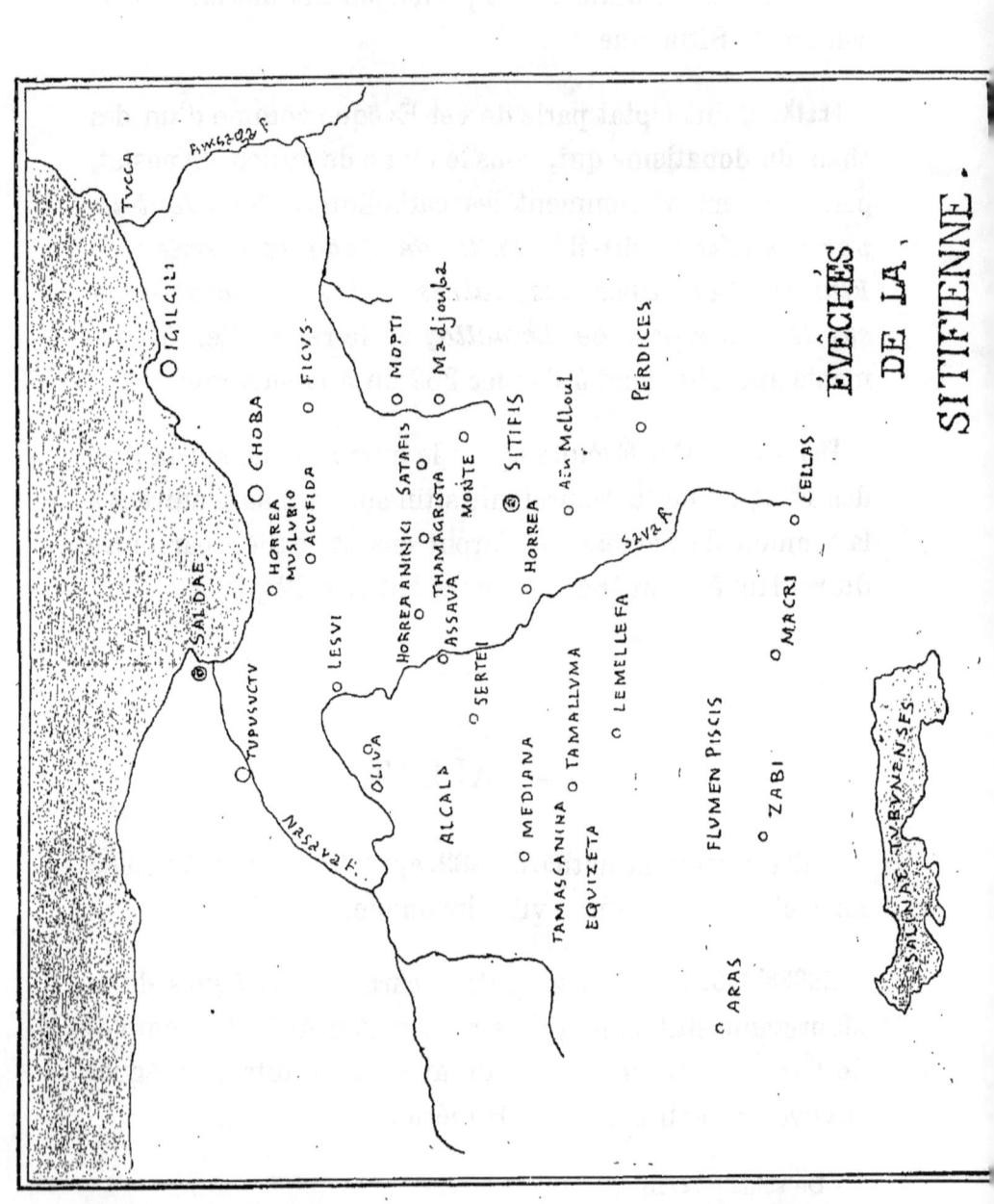

MAURÉTANIE
TINGITANE

1. — TINGIS.

Tingis, la moderne Tanger, a, dans l'Itinéraire d'Antonin, le titre de colonie. Pline l'appelle, en effet, *colonia Julia traducta Tingis,* et une inscription le confirme en appelant Tingis *colonia victrix Julia traducta*[1]. D'après un autre texte, cette ville dépendait de l'Espagne et la province Tingitane était dite[2] *provincia nova hispania ulterior Tingitana.*

Nous ignorons si Tingis a eu des Évêques à l'époque romaine, mais elle fut alors illustrée par le martyre des saints Marcel et Cassien.

Sous la domination Portugaise, les Évêques de Tanger dépendaient de l'archevêché de Lisbonne et la cathédrale était dédiée à l'Immaculée Conception.

GONSALVE, de l'Ordre des Mineurs, fut, en 1557, transféré du siège épiscopal de Tanger à celui de Visca en Portugal[3].

FRANÇOIS de Coresma, successeur du précédent.

Tingis, siège archiépiscopal, a reçu comme titulaire Étienne Melchisedechian, le 11 juillet 1892.

[1] Bull. des aut. Afric. 1884. p. 66.
[2] Eph. VII. 807.
[3] Godard. Descr. du Maroc. 2. 494.

II. — FEZIA.

La ville de Fez, qui est l'une des trois capitales de l'Empire du Maroc, a eu un Évêque au temps du pape Grégoire IX, savoir

AGNELLVS, de l'Ordre des Frères Mineurs, qui fut envoyé au Maroc, vers l'an 1230, avec le titre d'Évêque de Fez [1] et qui fut plus tard transféré à Maroc même. Les Franciscains l'honorent comme un saint confesseur le 13 septembre.

III. — MAROC.

La ville de Maroc, capitale de l'État de ce nom, fut fondée au onzième siècle par le prince berbère Joucef ben Tachfin. Sous le règne d'El Mamoun, un de ses successeurs, il y eut à Maroc un corps de soldats chrétiens qui y vivaient avec leurs familles. Ils formaient une colonie assez importante et Rome leur donna des Évêques. La ville de Maroc fut illustrée par le martyre de Jean de Prado, franciscain espagnol, qui est honoré le neuf des calendes de juin. C'est aussi à Maroc que souffrirent les Franciscains Bérard, Pierre, Accursius, Adjutus et Othon, honorés le

---

[1] Wadding. Ann. 2. 351.

16 janvier. Leurs reliques furent déposées en 1221 dans l'église Sainte-Marie près de Maroc et y opérèrent de nombreux prodiges.

En 1232, les Mineurs Léon, Dominique, Hugues, Jean et Éloi, souffrirent à Maroc un glorieux martyre. Ils sont honorés par les Franciscains le 16 septembre.

L'Évêché de Maroc cessa d'exister quand la dynastie mérinide tomba sous les coups des chérifs qui règnent encore aujourd'hui.

DOMINIQVE, Évêque de Maroc, de l'Ordre des Frères Prêcheurs, fut martyrisé à Maroc même, en 1233. Le pape Honorius III lui a écrit une lettre en 1225.

AGNELLVS, des Frères Mineurs, comme aussi ses successeurs, fut, comme nous avons dit, transféré du siège de Fez à celui de Maroc.

LVPVS. Il relevait de la métropole de Séville, en Espagne [1].

BLANCVS. Il occupa le siège de Maroc de 1261 à 1289 [2].

RODERICVS. Nous savons seulement de lui qu'il fut le successeur du précédent [3].

ALPHONSE. Il était Évêque de Maroc vers l'an 1300 [4].

ANGE. Il est fait mention de lui vers l'an 1400 [5].

---

[1] Wadd. 3. 150.
[2] 5. 209.
[3] Ibid.
[4] Ibid. 223.
[5] 8. 274.

DIDACE de Xerès est signalé par Wadding en 1405[1].

OMER d'Orléans était Évêque de Maroc en 1413 ; il fut transféré à Ceuta en 1421[2].

PIERRE occupa le siège de Maroc de 1421 à 1429. Il fut déposé parce qu'il ne résidait pas habituellement à Maroc. Après lui, Martin de Cardenas remplit les fonctions de Vicaire apostolique[3].

Les deux Évêques suivants ont peut-être encore résidé à Maroc :

Barthélémy de Cindad Rodrigo, de 1433 à 1449 ;

Alphonse Pernas, en 1449.

A ces Évêques résidants succédèrent des Évêques titulaires :

Silvius Valère Maccioni, 17 septembre 1668 ;

Pierre Miezovoski, 6 juin 1678 ;

Jean Skarbek, 11 janvier 1696 ;

Jean-François Kurdwanowski, 22 mai 1713 ;

Jean Fedder, septembre 1779 ;

Charles Aulock, 13 mars 1828 ;

Marie-Nicolas-Sylvestre Guillon, 17 décembre 1832 ;

Juste d'Urbino, 11 septembre 1855 ;

Felicissime Coccino, 3 mai 1859 ;

Louis de Gonzague, 15 mars 1881.

De nos jours, il y a un Préfet apostolique de Maroc, qui réside à Tanger.

---

[1] 8. 274.
[2] Ibid. 356.
[3] Ibid. 10. 215.

IV. — SEPTA.

Septa, aujourd'hui Ceuta, est la ville que l'Itinéraire d'Antonin appelle ad septem fratres. Procope nous apprend que l'empereur Justinien y fit élever une basilique en l'honneur de la Mère de Dieu. Sous la domination espagnole qui dure encore, la cathédrale de Ceuta fut dédiée à l'Assomption de la Vierge. Au quinzième siècle, cette même église était connue sous le vocable de Notre-Dame d'Afrique. En 1221, Ceuta eut ses martyrs, Daniel et ses compagnons Franciscains qui sont honorés le 13 octobre.

Quand Ceuta fut occupée par les Portugais en 1415, la mosquée principale devint une cathédrale et les Évêques de cette ville furent dépendants de l'archevêché de Lisbonne. Au dix-septième siècle, sous les Espagnols, les Évêques de Ceuta dépendaient de l'archevêque de Séville. Nous ignorons les noms de ces Évêques.

LAVRENT, de l'Ordre des Mineurs, était Évêque de Septa en 1267.

OMER d'Orléans, d'abord Évêque de Maroc, fut transféré à Ceuta en 1421, quand cette dernière ville fut déclarée Primatiale d'Afrique. Peu après Septa redevint un simple évêché, suffragant d'Evora.

En 1570, le pape Pie V réunit les Églises de Tingis et de Septa en un seul diocèse [1].

[1] Wadding. 19. 76.

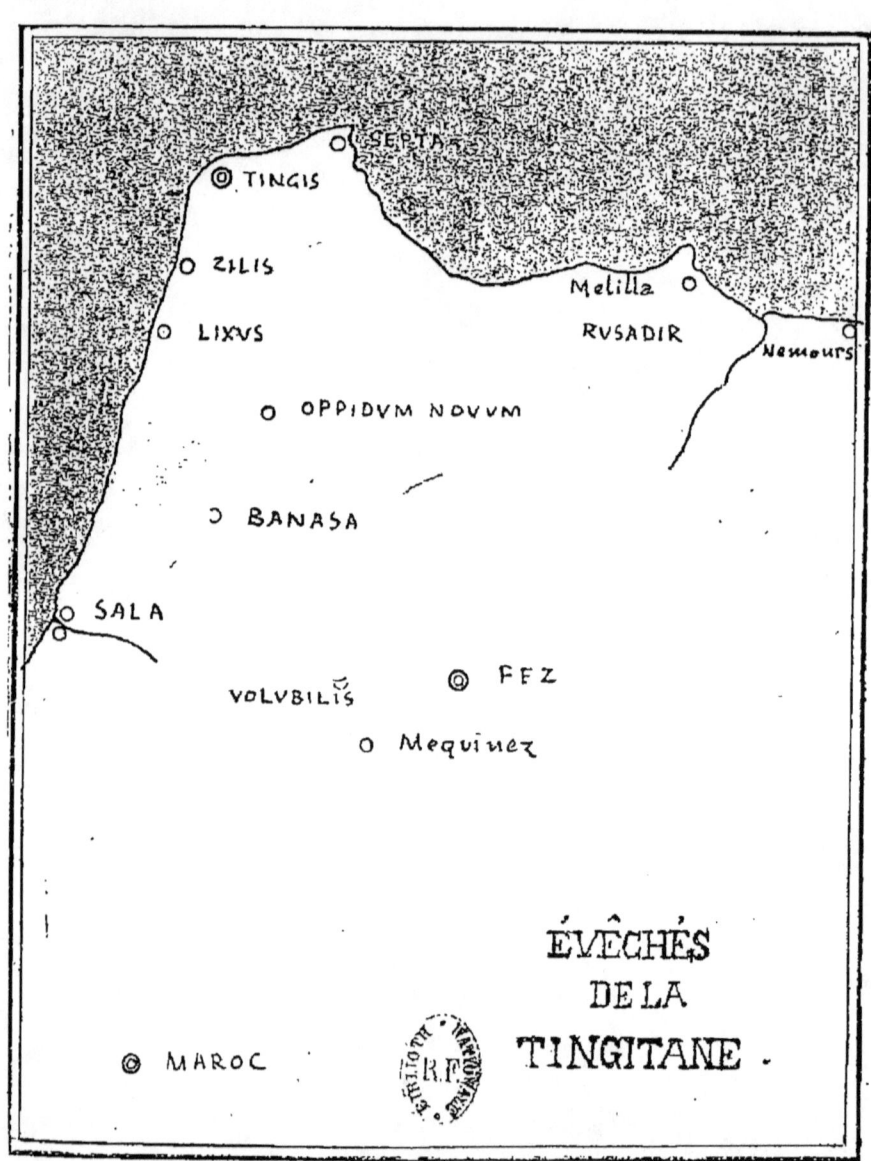

APPENDICE

APPENDICE

I.

ÉVÊQUES

dont le nom se trouve dans les documents ecclésiastiques sans indication de siège.

ÆMILIANUS. conc. de Carth. 416.
AFRICANUS.   id.
AGGAR. Mauret. Cæsar. Epist. S. Leon. 87.
ANTONIANUS. Numid. Ep. S. Cyp. 52. 70.
ANTONIUS. conc. Carth. 416. 419.
ASIATICUS. del. Sitif. conc. de Carth. 408.
                    conc. de Milev. 416.
BAUDIUS. conc. de Sard. 347.
BIZACENUS? conc. de Carth. 416.
CÆCILIANUS. conc. de Sard. 347.
CÆLESTINUS.   id.
CANDIDUS. conc. de Carth. 416.
CAPITO. conc. de Sard. 347.

CALDONIUS. Ep. S. Cypr. 39. 41. etc.
CELTICIUS. conc. de Carth. 419.
CAPIO? conc. de Tella. 418.
CLARUS. conc. de Carth. 408.
CLEMENTIANUS. Ep. S. Cypr. 53.
COLDÆUS. conc. de Sard. 347.
CONSORTIUS.   id.
COSMUS.   id.
CRESCENTIUS. conc. de Milev. 418.
CRESCONIUS.   id.
CRESCONIUS al.   id.
CRESCENTIANUS. Prim. de Numid. conc. de Carth. 397.
CYPRIANUS. conc. de Sard. 347.
CYPRIANUS. conc. de Carth. 416.
CYRINUS. conc. de Tela. 418.
DAVID. Maurét. César. Ep. S. Leon. 87.
DIDYMUS. conc. de Carth. 416.
DYNAMIUS. conc. de Sard. 347.
DONATIANUS. conc. de Carth. 416.
DONATUS. Ep. S. Cypr. 54.
DONATUS. deleg. Maur. Cæs. conc. de Carth. 408.
DONATUS. conc. de Milev. 418.
DONATUS al.   id.
DONATUS. conc. de Tela. 418.
DONATUS al.   id.
EVAGRIUS. conc. de Carth. 416.
EUTYCHIANUS. Ep. S. Cypr. 70 et 80.
FAUSTINIANUS. conc. de Carth. 416.
FAUSTINUS. conc. de Milev. 418.
FELICISSIMUS. Ep. S. Cypr. 38 et seq.
FELIX.   id.   53 et seq.
FELIX. conc. de Sard. 347.

Felix al. de Sard. 347.
Felix. legatus Afrorum. conc. d'Aquilée. 381.
Fidus. Ep. S. Cypr. 59.
Fidentius. conc. de Sard. 347.
Florus. Ep. S. Cypr. 53.
Fortunatus.   id.   41 et seq.
Fortunius. conc. de Tela. 418.
Germanianus. conc. de Carth. 416.
Germanus.   id.
Gignantius. conc. de Milev. 418.
Herennianus. conc. de Sard. 347.
Hesperion.   id.
Hesperus.   id.
Honoratus.   id.
Julianus. conc. de Tela. 418.
Justus. conc. de Sard. 347.
Juventius. conc. de Carth. 416.
Juventius al.   ibid.
Liber. conc. de Sard. 347.
Liberalis. Ep. S. Cypr. 45. 54. 70.
Lucius. conc. de Carth. 416.
Lupicinus. Maur. Cæs. Ep. S. Leon. 87.
Macarius. conc. de Carth. 416.
Magnus. Ep. S. Cypr. 76.
Majorinus. conc. de Carth. 416.
Mamimus. conc. de Sard. 347.
Marcellus. conc. de Carth. 416.
Marcellinus.   id.
Marianus. conc. de Sard. 347.
Marinus.   id.
Martinus. conc. de Carth. 419.
Maximinus. don. coll. 411. 1. 187.

Maximus. Ep. S. Cypr. 55. 60.
Maximus. conc. de Carth. 416.
Maximus. conc. de Tela. 418.
Maximus. Maur. Cæs. Ep. S. Leon. 87.
Megasius. conc. de Sard. 347.
Minervalis.   id.
Myzonius.   id.
Nampulus. Ep. S. Cypr. 60. 70.
Nessus. conc. de Sard. 347.
Numidius. legatus Afrorum. conc. d'Aquilée. 381.
Optatus. Ep. S. Cypr. 53.
Optatus. conc. de Carth. 419.
Ospantius. conc. de Sard. 347.
Panthagathus.   id.
Papinianus. conc. de Tela. 418.
Paschasius. conc. de Sard. 347.
Pelagius. conc. de Carth. 416.
Perseus. Ep. S. Cypr. 55.
Plautius. deleg. de la Tripol. conc. de Carth. 408.
Ponticanus. conc. de Milev. 418.
Porphyrius. conc. de Tela. 418.
Porphyrius al.   id.
Possidonius. conc. de Milev. 418.
Præsidius.   id.
 Præsidius al.   id.
Prætextatus. conc. de Carth. 416.
Processus. conc. de Milev. 418.
Proculianus. conc. de Carth. 416.
Proculus. Ep. S. Cypr. 60. 70.
Quintianus. conc. de Tela. 418.
Quintus. Maur. Cæs. Ep. S. Cypr. 52. 71. etc.
Quodvultdeus. conc. de Carth. 416.

Quodvultdeus al. de Carth. 416.
Restitutus. Maur. Cæs. Ep. S. Leon. 78.
Rogatianus. conc. de Sard. 347.
Rogatus. Ep. S. Cypr. 54.
Romanus. conc. de Carth. 416.
Rufinianus. conc. de Milev. 418.
Rufinus. conc. de Sard. 347.
Rusticus. conc. de Carth. 416.
Salustius. conc. de Sard. 347.
Saturninus. Ep. S. Cypr. 54. 70. etc.
Saturninus. conc. de Carth. 416.
Saturninus. conc. de Milev. 418.
Secundus.   id.
Servus.   id.
Servilius. conc. de Carth. 416.
Severianus. conc. de Sard. 347.
Severianus. del. de la Sitif. conc. de Carth. 403.
Sixtus. conc. de Carth. 416.
Sperantius. conc. de Milev. 418.
Superius. Ep. S. Cypr. 53.
Terentius. conc. de Milev. 418.
Tertullus. Ep. S. Cypr. 6. 37. etc.
Tutus. conc. de Tela. 418.
Valerius. conc. de Sard. 347.
Venantius. conc. de Carth. 416.
Venustianus. Byzac. conc. de Carth. 403.
Victor. conc. de Sard. 347.
Victor al.   id.

II.

Liste des Évêchés de la Maurétanie césarienne qui sont portés sur la notice de 482.

Glorinus de Junca.
Teberien de Quidia.
Victor de Sufar.
Syrus de Corniculana.
Luce d'Ita.
Honorat de Timici.
Donat de Nobica.
Patera de Miliana.
Reparat de Girumons.
Avus d'Altaba.
Donat de Panatoria.
Martial de Columpnata.
Subdatius de Sucarda.
Subitanus d'Ida.
Donat de Tifilti.
Félicien d'Ida.
Onésime de Fidoloma.
Victor de Taborenta.
Verecundus de Noba.
Étienne de Zucabiar.
Apocorius de Césarée.
Félix de Rusubir.

Donat de Subbar.
Janvier d'Aquæ.
Marcien de Murustaga.
Claude de Vagal.
Passitanus de Tigisi.
Salo de Fallaba.
Donatien d'Usinada.
Paul de Flumenzer.
Nicetius de Castellum Minus.
Restut de Floriana.
Mensius d'Ala Miliaria.
Maxence de Tigamibena.
Urbain d'Amaura.
Crescent de Sesta.
Donat de Ternamuna.
Fortis de Caput Cilla.
Janvier de Nasbinca.
Pallade de Bacanaria.
Balens de Villa Noba.
Passinatus de Masuccaba.
Longin de Pamaria.
Honorius de Benepota.
Burco de Vardimissa.
Félix d'Ambia.
Émile de Media.
Arator de Catula.
Cecilius de Minna.
Lucidus de Cartennæ.
Victor de Regias.
Rogatien de Vannida.
Primus de Capra.
Metcun de Rusuccuru.

Rufus de Sfasferia.
Eusèbe d'Obbi.
Securus de Timidana.
Donat de Fronta.
Victor d'Icosium.
Quodvultdeus de Tabla.
Restut de Lapidia.
Donat de Voncaria.
Boniface de Rusguniæ.
Benan d'Oppidum Nobum.
Mattasius de Castellum Jabar.
Félix d'Aquisira.
Victor de Caltadria.
Crescent de Tigaba.
Idonius de Rusadus.
Gelien de Reperi.
Ingenuus d'Ubaba.
Pierre d'Obori
Quintase de Muteci.
Paulin de Rubicaria.
Pascase de Mammilla.
Tacanus d'Albula.
Emptacius de Siccesi.
Talasius de Gratinopolis.
Victor de Manaccenser.
Pannonius de Bita.
Félix de Flenucleta.
Campanus de Bida.
Valentin de Castellum Medianum.
Romain de Sufar.
Second de Mauriana.
Reparat de Bulturia.

Luce de Maturba.
Cæcilius de Baliana.
Rogat de Sereddeli.
Mingin de Noba.
Reparat de Castellum Tatroportus.
Filon d'Arsinnari.
Vassinus d'Elfantaria.
Patera de Catabum.
Vincemalos de Bapara.
Reparat de Tipasa.
Romain de Tamada.
Victor de Voncariana.
Maddan de Murcones.
Crispin de Tabadcara.
Quodvultdeus de Summula.
David de Tadamata.
Candidien de Catra.
Reparat de Cissi.
Pæquarius de Tasaccura.
Quintus de Tabunia.
Maxime de Tuscamia.
Auxilius de Gunagus.
Reparat de Sita.
Saturnin de Vissalsa.
Félix de Maxita.
Gaius d'Adsinnada.
Crescent de Satafi.
Saturnin de Serta.
Victor de Numida.
Céreal de Castellum Ripæ.
Luce de Tamazuca.
Majuca.

Nabala.
Tubuna.
Maura.
Tingaria.
Obori.

III.

Liste des Evêchés de la Maurétanie sitifienne qui sont portés sur la notice de 482.

Rufin de Tamalluma.
Donat de Sitifis.
Maxime de Covia.
Domitien d'Igilgi.
Honorius d'Aquæ Albæ.
Festus de Satafis.
Victor d'Horra.
Maxime de Thugusubdu.
Victor d'Ierafi.
Vadius de Lesvi.
Pacatus d'Equizota.
Félix de Castellum.
Constance de Gegi.
Victor d'Eminentiana.
Saturnius de Socia.
Jacob de Lemelefa.
Cresciturus de Cellas.
Émérite de Macras.
Redux de Nobaliciana.
Argentius de Zallata.
Vindemius de Lemfocta.
Abus de Ficus.

Restut de Macriana.
Vital d'Assafa.
Victor de Flumenpiscis.
Inventinus de Maronana.
Romain de Molicunza.
Victorin de Sertei.
Montan de Cedamusa.
Clément de Thamagrista.
Adéodat de Privata.
Rogat de Partenia.
Villaticus de Mozoti.
Honorat de Tamascania.
Juste d'Acufida.
Émile d'Asuoremixta.
Uzulus de Thucca.
Aufidius de Surista.
Victorin de Perdices.
Possessor de Zaba.
Pascase de Saldæ.
Flavien de Vamalla.

IV.

Noms des Evêques de la Césarienne.

APOCORIUS, de Césarée, en 482.
ARATOR, de Catula, en 482.
AVUS, d'Altava, en 482.
AUXILIUS, de Gunugus, en 482.
AUXILIUS, de Dracones, en 411.
BASSINUS, d'Elephantaria, en 482.
BONIFACE, de Rusguniæ, en 482.
BURCO, de Vardimissa, en 482.
CÉCILE, de Baliana, en 482.
CÉCILE, de Mina, en 482.
CAIUS, d'Adsinnada, en 482.
CAMPANUS, de Bida, en 482.
CANDIDIEN, de Catra, en 482.
CÉRÉAL, de Castellum Ripæ, en 482.
CLAUDE, de Vagal, en 482.
CLÉMENT, de Césarée, en 372.
CONSTANCE, de Rusubbicari, en 411.
CRESCENT, de Césarée.
CRESCENT, d'Icosium, en 411.
CRESCENT, de Satafi, en 482.
CRESCENT, de Sesta, en 482.
CRESCENT, de Tigavæ, en 482.
CRESCENTIEN, de Arena, en 411.

Crispin, de Tabaicara, en 482.
David, de Tadamata, en 482.
Deuterius, de Césarée, en 411.
Deuterius, de Gratianopolis, en 411.
Donatien, d'Usinaza, en 482.
Donat, de Boncaria, en 482.
Donat, de Auzia, en 411.
Donat, de Fronta, en 482.
Donat, de Novica, en 482.
Donat, de Panatoria, en 482.
Donat, de Saia, en 411 et 446.
Donat, de Subbar, en 482.
Donat, de Sucarda, en 411.
Donat, de Tanaramusa, en 482.
Donat, de Tatilti, en 482.
Émérite, de Césarée, en 411.
Émile, de Media, en 482.
Emptacius, de Siccesi, en 482.
Étienne, de Zucchabar, en 482.
Fauste, de Castra Severiana, en 482.
Félicien, de Ida, en 482.
Félix, d'Ambia, en 482.
Félix, d'Aquæ Sira, en 482.
Félix, de Boncaria, en 411.
Félix, de Flenucleta, en 482.
Félix, de Maxita, en 482.
Félix, de Rusubir, en 482.
Félix, de Tubia, en 411.
Fidentius, de Gypsaria, en 411.
Fortis, de Caput Cella, en 482.
Fortunat, de Césarée, en 314.
Fortunat, de Rusuccurru, en 411

Gelien, de Reperi, en 482.
Germain, de Gypsaria, en 411.
Germain, de Zucchabar, en 411.
Glorinus, de Junca, en 482.
Helpidius, d'Aquæ, en 411.
Honorat, d'Aquæ Sira, en 411.
Honorat, d'Iomnium, en 411.
Honorat, de Timici, en 482.
Honorius, de Benepota, en 482.
Janvier, d'Aquæ, en 482.
Janvier, de Nasbinca, en 482.
Janvier, de Numida, en 411.
Idonius, de Rusadus, en 482.
Ingenuus, de Ubaba, en 482.
Laurent, d'Icosium, en 419.
Longin, de Pomaria, en 482.
Lucien, de Mauriana, en 337.
Lucide, de Cartennæ, en 482.
Luce, d'Ita, en 482.
Luce, de Maturba, en 482.
Luce, de Tamazaca, en 482.
Maddan, de Dracones, en 482.
Marcien, de Murustaga, en 482.
Marin, de Castellum Tingitii, en 324.
Martial, de Columnata, en 482.
Martin, de Siccesi, en 411.
Mattasius, de Castellum Jabar, en 482.
Maxence, de Tigamibena, en 482.
Maximien, de Zucchabar, en 411.
Maxime, de Tuscamia, en 482.
Messius, d'Ala Miliaria, en 482.
Mettun, de Rusuccurru, en 482.

Miggin, de Nova, en 482.
Miggin, de Vagal, en 411.
Nestorius, de Malliana, en 411.
Nicetius, de Castellum minus, en 482.
Nigellus, de Rusuccurru, en 419.
Numérien, de Rusguniæ, en 419.
Onésime, de Fidoloma, en 482.
Optat, de Rusuccurru, en 411.
Optat, de Timici, en 411.
Pallade, de Bacanaria, en 482.
Pallade, de Tigavæ, en 418.
Pannonius, de Bita, en 482.
Pascase, de Tigisi, en 411.
Pascase, de Mammilla, en 482.
Pascase, de Turris, en 411.
Passinatus, de Masuccaba, en 482.
Passitanus, de Tigisi, en 482.
Patera, de Catabum, en 482.
Patera, de Malliana, en 482.
Paulin, de Rusubbicari, en 482.
Paul, de Flumenzer, en 482.
Pierre, de Castellum, en 482.
Pierre, d'Obori, en 482.
Philon, d'Arsinnar, en 482.
Poequarius, de Tasaccura, en 482.
Pompéien, de Sucarda, en 411.
Primase, de Tigavæ, en 407.
Prime, de Capra, en 482.
Prisque, de Quiza, en 411.
Publicius, de Gratianopolis, en 411.
Quintase, de Muteci, en 482.
Quintus, de Tabunia, en 482.

Quodvultdeus, de Cissi, en 411.
Quodvultdeus, de Summula, en 482.
Quodvultdeus, de Tabia, en 482.
Reparat, de Aquæ, en 411.
Reparat, de Castellum Tatroportus, en 482.
Reparat, de Castellum Tingis, en 475.
Reparat, de Cissi, en 482.
Reparat, de Giru mons, en 482.
Reparat, de Sita, en 482.
Reparat, de Sufasar, en 411.
Reparat, de Tipasa, en 482.
Reparat, de Vulturia, en 482.
Restitut, de Floriana, en 482.
Restitut, de Lar, en 411.
Restitut, de Rapidi, en 482.
Rogatien, de Vannida, en 482.
Rogat, de Cartennæ, vers 400.
Rogat, de Sereddeli, en 482.
Romain, de Sufar, en 482.
Romain, de Tamada, en 482.
Ruf, de Sfasferia, en 482.
Rustique, de Cartennæ, en 418.
Salo, de Fallaba, en 482.
Sarmentius, de Tanaramusa, en 411.
Saturnin, de Serta, en 482.
Saturnin, de Sita, en 411.
Saturnin, de Vissalsa, en 482.
Secondin, de Mina, en 525.
Second, de Mauriana, en 482.
Serénien, de Mammilla, en 411.
Severin, de Castellum, en 411.
Solemnius, de Tigisi, en 411.

Subdatius, de Sucarda, en 482.
Subitanus, d'Ida, en 482.
Syrus, de Corniculana, en 482.
Tacanus, d'Albulas, en 482.
Thalassius, de Gratianopolis, en 482.
Tibérien, de Quiza, en 482.
Urbain, d'Amaura, en 482.
Valens, de Villa nova, en 482.
Valentin, de Castellum Medianum, en 482.
Venant, d'Oppidum novum, en 482.
Verecundus, de Nova, en 482.
Victor, de Caltadria, en 482.
Victor, de Cartennæ, en 450.
Victor, d'Icosium, en 482.
Victor, de Malliana, en 411.
Victor, de Mammilla, en 411.
Victor, de Manaccenser, en 482.
Victor, de Numida, en 482.
Victor, de Regias, en 482.
Victor, de Sufar, en 482.
Victor, de Taborenta, en 482.
Victor, de Timici, en 411.
Victor, de Vardimissa, en 411.
Victor, de Voncariana, en 482.
Vincemalos, de Bapara, en 482.
Vincent, de Cartennæ, vers 410.
Vitalien, de Quiza.
Vital, de Castra nova, en 482.
Voconce, de Castellum, en 460.

V.

Noms des Évêques de la Sitifienne.

ADÉODAT, de Privata, en 482.
ADÉODAT, de Satafi, en 411.
AEMILE, d'Asuoremixta, en 482.
ARGENTIUS, de Zallata, en 482.
AUFIDIUS, de Surista, en 482.
AVUS, de Ficus, en 482.
CLÉMENT, de Tamagrista, en 482.
COLONICUS, de Tinista, en 411.
CONSTANCE, de Gcgi, en 482.
CRESCITURUS, de Cellas, en 482.
CRESCONIUS, d'Horrea Anicii, en 411.
DEUTERIUS, de Macriana, en 380.
DOMITIEN, d'Igilgili, en 482.
DONATIEN, de Mons, en 411.
DONAT, de Medianæ Zabi, en 411.
DONAT, de Sitifis, en 482.
DONAT, de Tamascania, en 411.
ÉMÉRITE, de Macra, en 482.
FÉLIX, de Castellum, en 482.
FÉLIX, de Ficus, en 411.
FÉLIX, de Macriana, en 411.
FÉLIX, de Mopta, en 411.
FÉLIX, de Sertei, en 411.

Félix, de Zabi, en 360.
Festus, de Satafi, en 482.
Flavien, de Vamalla, en 482.
Florentin, de Tubusuptu, en 411.
Grégoire, de Tamalluma, en 411.
Honorat, de Tamascanina, en 482.
Honorius, d'Aquæ Albæ, en 482.
Jacob, de Lamellefa, en 482.
Janvier, de Flumenpiscis, en 360.
Juste, d'Acufida, en 482.
Juventinus, de Maronana, en 482.
Léon, de Mopta, en 411.
Luce, d'Oliva, en 411.
Luce, de Tamalluma, en 411.
Marcien, d'Assava, en 411.
Marcien, de Sitifis, en 411.
Maximien, de Sertei, en 411.
Maxime, de Choba, en 482.
Maxime, de Macra, en 411.
Maxime, de Tubusuptu, en 482.
Montan, de Cedamusa, en 482.
Novat, de Sitifi, en 440.
Optat, de Sitifi, en 525.
Pacatus, de Equizeta, en 482.
Pascase, de Saldæ, en 482.
Possessor, de Zabi, en 482.
Primase, de Lemellefa, en 362.
Primulus, de Thamagrista, en 411.
Quadrat, de Gegi, en 411.
Redux, de Nova Licinia, en 482.
Restitut, de Flumenpiscis, en 411.
Restitut, de Macriniana, en 482.

Rogat, de Parthenia, en 482.
Rogat, de Perdices, en 411.
Romain, de Lesvi, en 411.
Romain, de Molicunta, en 482.
Rufin, de Tamalluma, en 482.
Saturnin, de Socia, en 482.
Saturnin, de Thamagrista, en 411.
Second, d'Aras, en 411.
Servandus, de Saldæ, en 1076.
Sévère, de Sitifis, en 409.
Sextilius, d'Assava, en 411.
Silvain, de Perdices, en 411.
Vadius, de Lesvi, en 482.
Valentinien, de Mons, en 482.
Victor, d'Eminentiana, en 482.
Victor, d'Equizeta, en 411.
Victor, de Flumenpiscis, en 482.
Victor, de Horrea, en 482.
Victor, de Jerafi, en 482.
Victorin, de Perdices, en 482.
Victorin, de Sertei, en 482.
Villaticus, de Mopta, en 482.
Vindemius, de Lemfocta, en 482.
Vital, d'Assava, en 482.
Vrbain, de Satafi, en 411.
Vrbicosus, d'Igilgili, en 411.
Vzulus, de Thucca, en 482.

VI.

Noms des Évêques de la Tingitane.

Agnellus, de Fez, en 1230.
Agnellus, de Maroc, en 1233.
Alphonse, de Maroc, en 1300.
Alphonse, de Maroc, en 1449.
Ange, de Maroc, en 1400.
Omer, de Maroc, en 1421.
Omer, de Septa, en 1421.
Barthélemy, de Maroc, en 1449.
Blanc, de Maroc, en 1269.
Didace, de Maroc, en 1405.
Dominique, de Maroc, en 1233.
Loup, de Maroc.
Pierre, de Maroc, en 1429.
Rodrigue, de Maroc.

FIN.

Imprimerie Notre-Dame des Prés. — Ern. Duquat, directeur
Montreuil-sur-Mer (Pas-de-Calais).

www.ingramcontent.com/pod-product-compliance
Lightning Source LLC
Chambersburg PA
CBHW070541160426
43199CB00014B/2318